50대 도전

The Third Age

 경연사

인생 50+

사람은 두 가지로 구분 된다.
하나는, 나이가 예순이 되었든
일흔이 되었든 간에
그가 가진 정열과 활동력이
20대를 능히 뛰어넘는
백두(白頭)의 청춘으로 사는 사람이며,
또 하나는, 나이는 20대이지만
벌써 의욕을 상실한 채,
노인처럼 행세하는
홍안(紅顔)의 젊은이이다.

이 책은 나이와 상관없이
삶의 열정을 가지고
제2의 인생을 창업과 함께 시작하려는
대한민국의 50대에게 바친다.

목 차

서 문

　"50대의 창업"을 저술한지 6년이 지났다. 이 책을 쓸 당시만 해도 50세 이상의 우리나라의 인구는 약 800만 명에 불과 하였지만 오늘날은 1000만 명을 넘는 중·고령 인구가 발생하였다.

　이 세대는 어쩌면 일생에 두 번의 고난을 겪는 셈이다. 청소년 시절엔 우리나라가 6.25 사변으로 황무지에서 시작하여 경제를 일으켜야 하는 개발시대를 살아야 했고, 이제 선진국 문턱에 이른 오늘날은 IMF 이후 평생직이 보장되지 않고 조기 명퇴가 일반화 되어, 정부 통계가 발표하듯이 평균 47세에 은퇴하는 속칭 45정 56도라는 말이 유행하고 있다.

　따라서 50+ 중·고령 세대는 스스로 자기의 삶을 개척해 나가야 하는 독자생존의 환경에 있다고 볼 수 있다. 우리나라 인구의 약 20%에 달하는 50+ 세대는 열악한 사회 복지제도 하에서 자신의 전문성을 살리고, 사회에서 활동할 때의 소중한 인맥과 은퇴이후 한정된 자금과 신용을 토대로 이제 자기의 일을 만들어 나가야 하는 세대이다.

여기에 소개하는 50+(50대 이후)의 사람들은 자기의 삶을 의미 있게 영위코자 열정과 의욕과 도전정신으로 자신의 삶을 일구어 낸 사람들이다.

집안이 어려워 학업을 중단하고 일찍이 소년가장으로 가족과 자녀를 돌본 이후, 50대 이후에 법학을 공부하여 70세에 변호사가 되어 외손녀와 함께 할리우드에서 로젠버그 로펌을 만든 로젠버그씨, 대학을 중퇴하고 의류회사에 들어가 자신의 재질을 살려 오늘날 세계적인 패션사업을 만든 현재 75세의 조지 알마니 사장, 그는 이 나이에도 은퇴하지 않고 향후 25년간 더 열정적으로 사회에서 일하겠다는 의욕을 밝히고 있는 노익장의 모습, 최근 우리나라에 상륙한 인기 있는 영화 인디아나 존스를 만든 파라마운트영화사 82세의 섬너 레드스톤 회장은 후계자와 상속은 생각지도 않고 죽는 날 까지 열심히 일 하겠다고 한다. 또한 세계적인 화학업체인 포모사 프라스틱 왕융칭씨는 91세의 고령에도 경영에 참여하고 있다.

이러한 사례는 수적인 연령(Biological Age)은 의미가 없고, 인생을 사는데 가치관과 이를 실현하는 자세가 중요하다는 것을 가르쳐 주고 있다.

우리는 50대가 되었든 80대가 되었든 나이에 관계없이 의욕과 열정으로 자신의 여생을 값지게 영위해 나간다면, 인생 후반기를 아름답게 장식해 나간다고 할 수 있다. 하바드대학의 윌리암 새들러교수는 그의 저서 제3연령기(The Third Age)에서 1기는 학업을 통한 성장기, 2기는 사회활동기, 제3연령기는 자기실현을 추구해 갈 수 있는 인생 후반기를 맞아, 이기간은 인생 30년의 보너스라고도 했다. 어쩌면 50세에 재출발하여 80이후 까지 자기 일을 한다면 그것은 완벽한 인생설계라도 본다.

Job Korea에서는 우리나라 30대 대기업 임원의 평균 연령이 51세라고 발표한 바 있다. 50세는 인생의 제 3기를 장식하는 분수령이라고 할 수 있다. 이시기에 자신의 경륜으로 대기업에서 자신의 역량을 발휘할 수도 있고, 또한 자신이 닦은 전문성과 인맥과 자본으로 자기기업화(Enterprise of Self)를 이룰 수 있는 나이다.

우리나라도 전문직이 늘고 또한 고학년 시대를 맞이하여 많은 전문 인력이 양성되었지만 직장에 만족하지 못하여 이직하는 사례가 증대되고, 또한 조기 명퇴시대와 맞물려 창업의 열기가 고조되고 있는 실정이다.

　　이러한 현상은 연령의 고하를 막론하고 우리 주위에서 많이 목격하고 있는 현실이다. 얼마 전 직장경력을 가진 후 외국에서 유수한 대학의 MBA를 취득하고 다시 재취업한 중견간부는 나에게 이러한 고민을 털어 놓았다. 전직을 하든지 내 사업을 하든지 해야겠다고 했다.

　　어느 저명한 경영학자는 MBA 취득자에게 자기사업을 하라고 권면하고 있다. 이러한 현상은 많은 봉급자에게 부과된 숙제라고 할 수 있다.

　　우리주변의 잘 알려진 사업가들은 이러한 과정을 거쳐 이룬 값진 결실이라고 할 수 있다. 세계적인 부호 빌 게이트는 대학을 중퇴 하면서 모험사업을 이루어 세상에 빛난 업적을 쌓았고, 워렌 버핏(Warren Edward Buffett) 역시 재산 한 푼 남기지 않은 아버지 덕분에 스스로 일어서서 초년에 갖은 시련을 극복하고 오늘의 영광을 성취한 기업인으로 우리시대에서 보고 있다.

우리나라의 고령인구의 기준은 기관마다 차이를 나타
내고 있다. 노동청에서는 50세, 금융기관은 55세, 공무
원은 60세 그리고 대학교수는 65세이다.

58세 창업하여 22년간 효성그룹을 이룬 만우 조홍제
회장을 비롯하여, 60세 이후 반도체를 시작하여 오늘의
아남전기를 세운 김향수 회장, 55세에 명퇴이후 전화 2
대와 직원 5명으로 창업하여 오늘날 화장품업계 Top으
로 성장한 코리아나의 유상옥 회장 등의 위대한 기업인
들로부터 우리는 늦었다고 생각할 때가 빠른 때라는 말
을 실감케 하게 된다.

또 다른 차원에서 인생의 제3연령기를 개척하기 위하
여 전혀 다른 분야에 도전장을 던져 노후를 개척하는
분들도 있다.

58세에 상호신용금고사장으로 재직한 김기선 영풍금
고사장은 스스로 임기 2년을 앞당겨 명퇴를 자원하여
택시기사로 변신한 특이한 분이다. 김기선 사장은 저자

가 어떤 동기로 직업을 바꾸었느냐고 질문했을 때 그는 일생을 금융업에 종사하고 임기가 2년 남아 있고 또한 동종업계에 몇 년간 더 종사할 수 있으나, 오늘날 장수시대에 자신이 평생 할 수 있는 역할을 찾고 싶었다고 했다. 따라서 몇 년 후에는 모범기사로 경력을 쌓게 되면 개인택시 자격을 얻게 되고 자유롭게 여생을 보낼 수 있다고 했다. 그리고 위트 있게 김 사장의 자제분은 현재 항공조정사로 하늘에서 날고 나는 땅에서 난다며 여유 있는 모습을 보였다.

실로 오늘날 많은 명퇴자가 자신의 사회적 역할을 찾지 못하고 산으로 들로 방황하는 사람들에 비하면 정말로 존경심이 솟아오르지 않을 수 없다.

최종철 지점장은 54세에 국민은행 지점장을 지내신 분으로 IMF 외환위기로 물러난 후 그는 금융계와는 전혀 다른 요식업에 도전장을 던졌다. 그는 식당을 개업하면서 관례적인 방식에서 탈피하여 차별화된 음식점을 운영하고자 노력하였다. 그는 황기구이를 개발하여 소고기에 황기를 주입하여 웰빙시대에 건강음식을 고객에게 제공하여 성업을 하는 분도 있다.

대구은행 지점장을 지낸 김운용 씨는 자신의 평소의 고객관리의 서비스 정신을 바탕으로 이발사의 전문 인력을 유치하여 청결이발소를 열어 고객에게 호평을 받은 블루클럽 사장도 있다.

우리나라는 자영업 및 중소기업의 창업환경에 어렵지만 이제 사회적으로나 국가적으로 이러한 창업기회를 조성하고 장려함으로써 실업을 줄이고 또한 노년층의 전문성과 경험을 재활용하여 국가 경쟁력에 활용해야 할 시기가 되었다.

이러한 창업지원을 위하여 국가는 해마다 창업지원의 실질적인 효율을 위한 정책개발을 하고 있다. 또한 금융기관도 여기에 호응하여 이미 하나로 은행의 경우 창업자금 지원뿐만 아니라 지속적인 자문을 통하여 제품개발, 판로, 세무 등 일괄 지원책을 발표한 바 있다.

본서의 구성은 50대 이후의 장점이라고 할 수 있는 전문성, 인맥 그리고 자본력 즉 신용력이 아무래도 처음 사회에 나온 2-30대 보다는 유리 하다는 점을 강조 하였다.

본서의 증보판을 내면서 그간 초판이 나왔을 때 관심을 기울려 주신 분들에게 사의를 표하며, 편집을 담당해준 강혜진양에게 감사한다.

2008년 10월10일

저자 박은태

* 출처는 가능한 범위 내에서 각주를 달아 명기했으며, 사례 인용의 경우에는 이미 자서전, 인물평 그리고 일간지와 주간지 등에서 소개되어 많은 사람들에게 감명과 용기를 준 공인이라고 판단되어 출처를 따로 표기하지 않았다.

I. 50대 창업에 유리한 조건

환경변화에 대처하는 데 있어 동일한 출발점에 선다고 할 때, 50대는 다른 세대와 비교하여 전혀 불리하지 않다. 오히려 50대는 지금과 같이 불확실한 시대에서 자기류의 인생과 사업을 새롭게 개척 하고 창업하는 데는 다른 어느 세대 보다 더 유리하다고 본다.

어떤 학자들은 선진국의 경우 세대 간의 이질감이 없기 때문에 국가의 문화적 통합이 용이하지만 우리나라는 짧은 기간에 정치 경제 사회의 변화가 많아 세대차가 크게 나타나 선진국과 비교해 볼 때 문화적 통합은 어렵다고 한다.

젊은 세대의 이야기는 일단 제쳐 두고 50대의 특성에 대해 먼저 생각해 보자. 해방 후 베이비 붐(Baby Boom)이라 불리는 다산(多産) 경향이 유행처럼 번져 합계출산율(15세 이상 49세사이의 여성이 평생 낳는 아이의 평균수)이 4가 넘던 시대에 태어난 세대가 바로 지금의 50대이다. 이 세대는 해방둥이로서 유년기에 6.25 동란을 겪고 전쟁 후에는 나라 전체가 빈곤에 빠져 허덕이던 어려운 시기를 헤쳐 왔다.

더욱이 경제 개발 5개년 계획이 시작되던 1962년부터 경제 발전의 주역으로 열과 성(誠)을 다해 일했고, 지금의 젊은 세대들이 물질적으로 부족함 없이 자랄 수 있도록 풍요로운 사회 건설의 토대를 이룩한 세대이다.

그러나 IMF 외환위기 이후 갑자기 많은 기업이 빠른 속도로 도산하고 대기업에서 유례없는 수준으로 구조 조정을 실시하면서 여기에 제일 먼저 영향을 받은 것은 50대이다. 아직 퇴직 연령에 달하지도 않았는데 명예퇴직의 형식을 취해 실질적으로는 퇴출을 당하는, 세칭 "명퇴자(名退者)"가 큰 규모로 발생하였다. 힘들기만 했던 시기를 거쳐 이제 좀 잘 산다고 할 만한 궤도에 국가 경제를 올려놨는데 어떻게 보면 배은망덕하게도 50대는 잔인하게 자신들이 가꾼 사회에서 밀려난 셈이다.

이에 반해 이제 사회에 진출하기 시작하는 20~30대의 신세대는 활발하게 벤처 회사를 창업하기도 하고, 개중 MBA 등 고학력 인증(認證)을 취득하고 외국에서 돌아온 많은 비즈니스 엘리트(Business Elite)들은 기존 사회와 기업 조직에서 중심부를 차지하게 되었다. 이들은 능력으로 사회에 도전장을 내밀었다.

그러나 50대로서는 사회구조가 급격하게 능력 위주로 재편되는데 따라갈 재간이 없다. 인사고과(人事考課)에서 그 동안 유리하게 작용했던 논공서열(論功序列)의 개념이 간데없이 사라지고 냉정하게 젊은 엘리트들과 경쟁하게 되자 심지어 많은 부장급 인사들이 회사 밖으로 퇴출 되는 상황에 놓이게 되었다.

게다가 IMF 외환위기 이후 대기업의 신규 인력 채용이 축소되면서 모든 화이트칼라의 취업의 폭마저 좁아졌다. 젊은 대학 졸업자의 취업마저 위태한 실정인데 하물며 사회에서 퇴물 취급을 받는 50대가 설자리는 더더욱 좁아진 것이 당면한 현실이다.

그러나 우리는 여기에서 대기업에의 취업만이 인생의 목표가 아님을 떠올려야 한다.

얼마 전까지만 해도 우리나라는 사회적으로 가치를 인정받고 앞으로 탄탄한 미래가 보장되는 요인이 몇 가지 존재했었다. 그것은 첫째, 명문대의 졸업장을 따는 것, 또 재벌 기업에 취업하는 것, 마지막으로 은행을 비롯한 큰 금융기관에 직장을 가짐으로서 신분이 보장되고 명예를 획득하여 일평생 안정된 삶을 영위할 수 있는 것이었다.

그러나 영원히 변하지 않을 것 같던 이런 생각들이 바꿔어 버렸다. 이제는 명문대를 나와도 반드시 취업이 된다는 보장이 없으며, 흔들릴 리 없다고 여겼던 대다수의 재벌 기업도 IMF 외환위기 이후 많은 엘리트들을 구조조정이라는 명목 하에 회사 밖으로 퇴출시킬 정도로 무력한 모습을 보여주었다.

가장 안정적인 직장이라고 생각했던 은행마저도 부실경영으로 말미암아 은행 간의 합병, 기구 축소 등을 겪으면서 이런 환경 변화 속에 수많은 사람들이 직장을 잃었다.

이제는 우리나라도 선진외국과 같이 부자가 될 수 있는 사람은 사업가와 배우, 운동선수들이며 그 점에서 창업의 주요성이 재인식하게 되었다.

그렇다면 이제 50대는 무엇을 생각해야 할 것인가? 20-30대를 비롯한 젊은 세대와의 차이가 문제되는 것이 아니다. 지금은 전 사회적인 조직 내지 학력파괴라는 새로운 현실 문제에 어떻게 적응해야 할 것인가 하는 점이 절실한 문제다.

이렇게 막막한 상황 속에서 적지 않은 나이에 조직 밖으로 밀려나온 혹은 곧 나오게 될 50대는 자기 자신의 일을 어떻게 해결해야 할 것인가?

평생 하나의 조직이나 직장에 목을 매고 사는 시대는 지났다는 말이 요즘 들어 심심찮게 들려온다. 비록 앞에서 적지 않은 나이라고는 했지만 이런 환경변화에 대처한다는 동일한 출발점에 선다면 50대는 다른 세대와 비교해 볼 때 전혀 불리하지 않다.

오히려 어쩌면 50대는 지금처럼 장래 예측이 불가능한 시대에서 자기류의 인생과 사업을 새로 개척하고 창업하는 데는 다른 어느 세대보다도 더 유리한 조건을 갖추고 있기도 하다.

　또한 라이프 사이클(Life Cycle)의 변화로 인해서 평균수명이 증대되어 사회 활동기가 변화한 것도 생각해 두어야 한다. 교육을 받으며 성장기를 지나 25세 내지 30세가 되면 사회에 나가 대략 30년간 활동을 하고 60세가 되면 은퇴하여 여생을 보내는 것이 전통적인 과거의 라이프 사이클이었다.

　그러나 오늘날 평균수명이 과거보다 약 20년이 증가되었고 그만큼 사회 활동 기간이 늘어났다. 그래서 이제부터는 위에서 말한 30년간의 긴 활동기를 1기와 2기로 나눌 수 있다. 이 활동 2기라는 것을 달리 말하면 인생의 후반전으로 2모작, 3모작이라 할 수 있겠다. 인생의 2모작, 즉 지금의 사람들은 활동 1기 후 곧장 노년기에 접어드는 것이 아니라 따로 골든 에이지(Golden Age)라는 것을 보내게 되는 시대가 되었다.

　그렇다면 50대는 시기적으로 인생의 제2의 시작이라고

할 수 있다. 사회 환경이 계속해서 변화해 나가고 있고 경우에 따라 자신은 더 이상 이 변화에 따라갈 수 없다고 생각하는 사람도 얼마든지 있겠지만, 반드시 그런 것은 아니다. 오히려 인생의 목표를 재설정하는 데는 50대의 나이가 더 적합하다.

그러나 아쉬운 것은 50대에 대해서 사회가 냉소적으로 보고 있는 분위기에 자기도 모르게 또는 본인 스스로 휘말려서 당사자가 자신의 인생에 대한 가치관과 꿈을 펼쳐 볼 생각도 안 하고 포기한다는 것이다.

왜 자신은 더 이상 아무 것도 할 수 없다고 낙담만 하고 있는가? 성공의 비결은 의욕이라고 했듯이 직장 생활에서 이루지 못했던 뜻을 펼치기 위해 다시 한 번 의욕을 되살려 새로운 삶에 임해 보는데 있어 50대는 결코 늦은 나이가 아니다.

이 책에 수록되어 있는 50대 창업을 시도하여 성공한 사례를 음미하며 의욕을 북돋우고 자신감을 되찾아 제2

의 인생을 창조해 본다면 보람된 일이 될 것이다.

IMF 외환위기를 호되게 경험한 우리 사회에 50대가 설자리가 없어 보이는 것은 사실이다. 20대의 갓 나온 대학 출신 젊은이도 취업률이 졸업생의 4분의 1에도 미치지 못하는 현 상황에서 더군다나 구조조정의 열풍이 아직도 대기업 곳곳마다 남아 있어 50대의 운신의 폭은 갈수록 좁아지기만 하는 것 같다.

그러나 오늘날의 50대란, 유년기에는 해방 후의 혼란기를 맞아 헤쳐 왔으며 곧 이어 발발한 한국동란으로 극도의 빈곤 상태를 경험했고 60년대 경제 개발시대에는 앞으로 풍요로운 미래가 올 것이라 믿어 의심치 않으며 열심히 일했던 세대로서 사회변화에 대한 적응력은 충분히 갖추고 있다.

말하자면 이들은 이미 IMF 외환위기가 닥치기 훨씬 이전에 다양한 어려움이 혼재한 격동의 시기를 겪어 온 것이다. 그러니깐 이런 50대는 비교적 쉽게 세상을 살아온 20대를 훨씬 뛰어넘는 정신력을 가지고 있다.

또한 정신력뿐만이 아니라 현실적인 면에서도 20대와 50대를 비교해 보면 50대가 절대 불리하지만은 않다. 20대는 갓 학교를 졸업하여 각종 자격을 보유하고는 있지만 실질적으로 사회에서 경험한 것이 아무것도 없기 때문에 50대에 비하면 전문성이라든지 경험 면에서 취약하다.

50대가 사회 활동 전기라고 할 수 있는 30여 년 동안 알차게 쌓아 온 전문성과 경륜이 있다면 이를 사장시킬 것이 아니라 살려서 자기 개발을 함과 동시에 사회에 기여하는 것은 분명 불가능한 일이 아니다.

물론 정보화 사회는 경제 환경이 급속히 변하여 과거와는 달라 학교를 졸업 후 취직하면 그 일에 적합한 교육을 새로 받아야하고, 새 일터에서 일하게 되면 다시 재교육을 받아야 하는 환경이 되었다. 다시 말하면 자신의 가치를 유지, 발전시키기 위해서는 50세 이상노장층도 계속 재충전을 해야 한다는 점을 잊어서는 안 될 것이다.

또 자기 사업을 한다고 가정해 볼 때 20대는 막 사회에 진출하여 사업 밑천이라고 내세울 만한 것이 거의 없지만 50대는 퇴직금이나 그간 저축해 왔던 돈, 은행 대출을 받을 수 있는 신용도 등을 갖추고 있다. 그래서 하다못해 조그만 장사 하나를 하려고 할 때라도 자금 동원력의 면에 있어서 20대보다 나으면 나았지 못하지는 않다.

인간관계에 있어서도 그렇다. 20대는 아직 사회에 진출하지 않았거나 이제 막 사회에 진출한 상태이기 때문에 곳곳에 사업상 필요한 인간관계를 형성해 놓지 못한 경우가 보통이다. 하지만 50대는 자기가 관여하던 직장이나 혹은 거래하던 곳, 동문관계 등이 받쳐주고 있어 20대에 비해 상대적으로 유리한 것이다.

다만 20대보다 뒤처지는 것이 있다면 그것은 창의성과 의욕, 그리고 모험심이다. 이러한 것들을 극복할 수만 있다면 50대는 창업을 얼마든지 성공적으로 수행할 수 있다. 게다가 이것을 극복한 50대는 우리가 흔히 생각하는 것보다 훨씬 많음을 기억하자. 50대에게도 재기와 성공의 가능성은 분명히 존재한다는 사실을 잊어서는 안 된다고 본다.

(1) 전문성과 경험

50대는 이제 스스로를 위한 일을 할 수 있는 시기이다. 그래서 이 시기를 황금기라고 이야기하는 사람도 있다.

50대의 무기는 역시 전문성과 사회경험이라고 볼 수 있다. 우선 인간성장기인 청소년 시기에 하고 싶어 했던 전공분야나 취미를 사회에 나가 약 30년 동안 활용하고 경험하고 시행착오를 겪으면서 연마된 자기 나름의 전문성을 갖춘 사람도 적지 않다.

예컨대 도예를 전공한 사람은 사회생활을 하는 동안 자신의 기예와 예술성을 더욱 발전시켜 이 연령에 다다랐을 때는 그 성숙도가 이미 상당한 경지에 도달해 있을 것이다.

반면에 학생시절에 하고 싶었던 일이나 전공과는 상관없이 사회에 나가서 전혀 다른 분야에서 30여년 일하다가 은퇴한 사람도 있을 수 있다. 그런 사람은 대개 사회생활을 하는 기간 동안 자기가 하고 싶은 일들을 제2의 전공이나 취미로 간직해 오는 데 그쳤을 것이다.

칼 손세마의 예를 보면, 그는 MIT를 나와 처음 리서치 엔지니어링(Research Engineering)을 담당하는 전문

경영인으로 사회에 진출 했었으나 은퇴할 나이가 다가오면서 그는 기회가 되면 집에서 쉴 것이 아니라, 못 다한 일을 자신이 개척해야 하겠다는 생각을 하였다. 그 이유는 자신이 연구한 업적으로 많은 특허출원을 했으나 자기에게는 돌아오는 소득이 없다는 것을 깨달았기 때문이다. 그런 후 우연한 기회에 참여한 프랑스 식품박람회에서 식품가공기계에 매료되어 미국 내 판매 • 영업권을 계약하고 61세의 나이에 '키치니트'라는 식품기계회사와 "쿠킹(Cooking)"이라는 잡지를 창간하여 성공한 경우이다. 그는 자신의 전공을 살려 60세가 넘는 나이이지만 창업을 할 수 있었던 것이다.

50대는 이제 스스로를 위한 일을 할 수 있는 시기이다. 그래서 이 기간을 황금기라고도 이야기하는 사람도 있다. 50대에 뜻을 세워서 이룩한 사람은 실로 부지기수이다.

또 다른 경우에는 비록 전공을 발전시키지 못하더라도 50대에 퇴직하여 본격적인 자기 생을 찾기 시작했을 때,

그동안 사회에서 활동하는 기간에 타 분야에서 얻은 사회경험은 결국 플러스 요인이 될 수밖에 없다. 모든 분야에서 50대는 퇴출당할 만한 나이가 아니다. 심지어는 정치인 중에 이 나이에 뜻을 세워서 국가를 건설한 사람도 있다.

이승만(李承晚)박사는 56세에 정계에 입문하여 대한민국의 초대 대통령이 되었다. 그리고 기업인 중에는 효성그룹을 창업한 조홍제(趙洪濟)회장 역시 56세에 자신의 사업을 시작하여 20여 년간 경영일선에서 부단히 사업을 일구어 오늘날의 효성(曉星)그룹, 한국 타이어 등을 이룩한 위대한 기업인이다.

50대는 이제 지는 해가 아니라 어떤 의미에서는 다시 떠오르는 해인 것이다. 이제 지는 해가 되느냐 다시 떠오르느냐 하는 것은 전적으로 자기 선택에 달렸지, 50대라고 해서 이 사회에서 퇴출 되어야 하는 것으로 간주되지는 않는다.

(2) 인맥(人脈)

클리블 박사의 예는 50대 아닌 70대 이지만 창업 의욕을 버리지 않고 자기가 그간 관리해 온 소중한 인맥을 충분히 활용하여 사업에 성공한 사례이다.

사회활동은 인간관계(Human Relationship)에서 비롯된다. 50대의 또 하나의 무기로 사회활동을 하는 동안에 이룩한 인간관계의 폭을 들 수 있다.

학교 동문관계, 직장 내에서의 동료, 그리고 비즈니스와 관련하여 알게 된 고객이나 생산 판매 등 여러 루트에서 알게 된 사람 혹은 자신의 일로 인해 안면을 가지게 된 정부 은행 관계 인사 등 다양한 인간관계가 모두 50대의 자산이다.

다만 이러한 풍부한 인맥도 자신의 목표가 뚜렷하고 경우에 따라서 창업 의욕이 있을 때 활용할 수 있다. 우리 사회에서는 명퇴 이후에 가까운 사람들을 통해서 재취업을 하는 경우도 많겠지만 그렇지 않은 경우라도 인맥은 자신이 뜻을 세워 일하고자 할 때 여러 가지로 협력자가 될 수도 있다.

대학교수에서 특허 사업에 뛰어든 70대의 예를 들어보자. 버논 클리블박사는 나이 70세에 정년퇴직을 한 과학

자이다. 그는 그 때까지 하던 대학교수직을 그만두고 자기가 일생 동안 개발해 온 금속과 급속을 연결하는 혐기성 접착제(嫌氣性 接着劑) 완성에 힘쓴 결과 열 관리와 응고성(凝固性) 방지를 위한 공기 조절법에 성공하여 실용화 특허를 얻은 다음 창업에 나섰다.

이때 그는 교수시절 평소에 가까이 지내던 동료교수들과 그의 제자들을 불러 모아 투자 설명회를 하고 이들에게 사업성을 인정받은 다음 출자해 줄 것을 요청했다. 이들에게서 11만 달러의 자본을 받아 창업을 할 수 있게 되었고 그 후 그는 '록타이트'라는 자신의 기업이 뉴욕 증권시장에 상장되어 우량 기업으로 인정받았으며 연간 수입은 2억 달러를 구가하는 등 크게 성공할 수 있었다.

클리블박사는 50대가 아닌 70대이지만 고령에 이를 때까지 창업 의욕을 버리지 않고 그간 관리해 온 소중한 인맥을 충분히 활용하여 사업에 성공한 사례인 것이다.

(3) 자금력 (資金力)

직장에서 퇴직금을 받은 것도 자본이 될 수 있고, 사회생활을 하는 동안 저축해 온 자금 등도 장사 밑천이 될 수 있다. 그밖에도 50대에게는 신용을 바탕으로 다소의 자금을 동원할 수 있는 능력이 있다.

50대의 또 하나의 가능성은 사업자금을 마련할 수 있는 능력이다. 이것은 거의 빈털터리인 상태로 사회에 진출하는 20대에 비하면 절대적으로 유리한 요인이다.

그 동안 일해 왔던 직장에서 퇴직금을 받은 것도 새 사업의 자본이 될 수 있고, 사회생활을 하는 동안 저축해 온 자금 등도 넉넉한 장사 밑천이 될 수 있다. 그 밖에도 50대에게는 사회적인 신용을 바탕으로 자금을 동원하는 능력이 있다.

이렇게 따지면 50대가 지니고 있는 자금력이란 20대에 비교하면 몇 배나 뛰어나다고 할 수 있다. 물론 어떤 경우에는 20대에게도 이런 능력이 전혀 없는 것은 아니지만 일반적으로 그 능력은 보통의 50대에게 비할 수 없는 수준이다.

저축한 자본을 바탕으로 50대 이후 회사를 창업하여 우리나라 굴지의 재벌이 된 기라성 같은 기업인들은 의외로 많다. 효성물산의 조홍제(趙洪濟)회장, 또 아남전기의 김향수(金向洙)회장. 이분들은 물론 전문경영인이었던 적이 있거나 혹은 젊은 시절에 자영업에 손대봤던 경험도 있었다.

하지만 그간 전문 경영인으로서 회사에서 일을 한다든지 정치활동으로 기업을 떠나 자신의 사업을 운영하지 않고 있던 분들이다. 그리고 50대 후반이 되어서야 본인이 다시 자기사업을 시작하여 굴지의 재벌기업을 이루는데 도움이 된 무엇보다도 중요한 것은 바로 탁월한 자금 동원력이었다.

굳이 큰 규모의 기업창업을 하지 않더라도 자신이 가진 소자본으로 해볼 만한 자영업들도 얼마든지 있다. 눈만 조금 돌려보면 프랜차이즈 체인점이라든지 개인택시, 이발소와 같이 소자본으로도 할 수 있는 다양한 자영업 종들이 있다.

여러 가지 예들을 통해 50대가 되어서 뒤늦게 창업한 크고 작은 기업 혹은 자영업들이 20대나 30대가 하는

일 못지않게 성공할 수 있다는 것이 충분히 입증되고 있
다.

물론 개중에는 몇 십년간 근무하던 안정된 직장에서
나와 갑자기 경험도 없던 사업을 착수했다가 실패해 손
실을 보거나 또 사기꾼에게 잘못 걸려들어 전 재산을 날
리는 사람도 허다하다.

그러나 이런 것은 50대에 국한된 문제는 아니다. 20대
도 30대도 자기가 하는 일에 실패하는 경우는 셀 수 없
을 정도이다. 전국적으로 보면 하루에도 수 없이 크고 작
은 기업들이 설립되고 또 도산하기도 한다. 당연한 애기
지만 50대가 세운 기업이라고 해서 모두 부도가 난다는
법은 없다는 말이다.

사업이 실패하는 것은 창업자의 연령에 달려 있는 것
이 아니라 얼마나 사업을 잘 해내는가 하는 데 있다.

창업자 스스로가 자기 생애 마지막 사업이라고 마음속

으로 결단을 내리고 면밀하게 시장조사를 하여 아이템을
선정하고 창업에 필요한 여러 가지 사항들에 대해 용의
주도하게 준비한 후, 투자한다면 필경 젊은 사람보다도
실패율을 최소화 할 수 있을 것이다.

(4) 결단력(決斷力)과 용기

50대라서 유리한 점, 자신만의 장점과 가능성과 경험을 고려하여 자신과 환경을 바라보고 신중하고도 과감하게 결단을 내릴 수 있는 시기다.

　50대 창업에 필요한 조건은 바로 결단력과 용기다. 수십 년을 살아온 자신의 삶을 다른 방향으로 전환하는 일은 생각만큼 쉽지만은 않을 것이다. 경제력, 나이, 가정, 그리고 자신의 능력에 이르기까지 수많은 의구심을 50대 창업자들은 만날 수 있을 것이다.

　하지만 이런 가운데서 앞에서 언급한 것과 같이 50대라서 유리한 점, 자신만의 장점과 가능성과 경험을 토대로 신중하고도 과감하게 결단을 내리는 일이 중요하다.

　IMF 외환위기 이후 신문이나 텔레비전을 비롯한 미디어의 보도는 50대 명예 퇴직자들은 퇴직한 이후에 마음이 불편하여 집에서 쉬지도 못하고 등산을 간다든지 또는 옛 친구를 찾아다닌다든지 혹은 포장마차에 힘없이 고개 숙인 채 술잔을 기울이고 있는 등 사회에서 완전히 낙오자가 된 사람들인 것처럼 묘사하고 있다.

　매스미디어에 드러나는 이들 명예 퇴직자들은 수량적인 연령은 50대이지만 이미 정신적인 연령은 노년의 나이까지 올라가 버린 셈이다. 그러나 한편으로는 80대의 고령임에도 마치 청년처럼 일하는 현역도 있다.

이태리의 소기업은 가업으로 아버지가 가장이면서 곧 회사의 사장이다. 나이 많은 아버지가 80대 노인이면서도 빨간 넥타이를 매고 작업장에 나와 젊은 여성들 틈에서 직접 옷을 재단하며 자신의 제품을 만들고 있는 장면을 쉽게 볼 수 있다.

실로 우리나라의 고개 숙인 50대 명예퇴직자와는 대조적인 모습이라 할 수 있다. 하지만 보도가 많이 되지 않을 뿐이지 우리나라도 이와 같이 현역에 있는 노장층이 적지 않다. 정신적인 연령에 비해 오히려 수량적인 연령은 자신의 사회 활동에 큰 문제가 되지 않는다.

이러한 말을 증명이라도 하듯이, 미국에서는 현재 60세 로 정해져 있는 정년퇴직 연령을 70세까지 연장할 것을 국가 연구기관에서 고려하고 있다고 한다. 홍안의 노인을 뛰어넘는 백두의 청년이 될 것인가, 아니면 아직 많

지도 않은 나이에 그냥 주저앉을 것인가는 스스로의 선

택에 달려 있다.

지도 않은 나이에 그냥 주저앉을 것인가는 스스로의 선

택에 달려 있다.

II. 라이프 사이클 (Life Cycle)의 변화

(1) 라이프 사이클

오늘날의 50대는 과거의 50대와 전혀 다르다. 라이프 사이클은 출생 이후 학업을 마치고 사회 진출 할 때 까지를 성장기, 사회 활동기 그리고 명퇴 시기인 50이후, 즉 50+세대를 여기서 제 3 연령기(The Third Age)로 정의 하였다. 장수시대를 맞이하여 50+에 제2의 자기기업화(Enterprise of Self)를 이루어 향후 30년의 생을 영위할 수 있다고 본다.

　50대의 창업을 이야기하면 많은 사람들이 "은퇴한 지금 어떻게 다시 시작하겠느냐?"는 말을 한다. 그렇다. 50대 후반의 나이라면 옛날 같으면 자손들이 어른 대접을 하고 봉양 받을 나이이다.

　하지만 현대 사회에서는 그렇지 않다. 이제는 다들 독립하여 각자의 생활을 하고 있기 때문이다. 결국 노년에는 부부만 남아야 하는 가족 구조로 전환되고 있다.

　그런데 여기서 주목할 점은 오늘날의 50대는 과거의 50대와 전혀 다르다는 점이다.

　첫째로 평균수명이 훨씬 연장되었다. 향후 2~30년이 인생에 더 남아 있다는 것이다. 따라서 50대라는 숫자에 얽매여서는 안 되는 것이다.

　오히려 현재의 자신을 40대로 인식하고 새로운 출발을 해야 한다. 현대는 체력만으로 일하는 사회가 아니다. 아이디어와 서비스 그리고 정보와 어느 정도의 자금만 있다면 작은 규모의 자영업이라도 대기업과 당당히 경쟁할 수 있는 시스템으로 바뀐 것이다. 미국 사람 5명 중 한 명은 작은 자영업이라도 시작하는 것이 꿈이라고 한다. 이제 더 이상 다른 사람을 위해서 일하지 않겠다는 것이다. 취미 삼아 하던 일을 돈 버는 일로 해야겠다는 생각을 가지고 있는 경우도 많다. 옛날에는 한 직장에서 평생 직장으로 간주하고 지냈지만 이제는 기다릴 수도 없고, 한 번 뿐인 인생에서 할 수 있는 한 모든 것을 해봐야겠다는 철학이 농후한 것이다.

레이먼드 캠프라는 사람은 74세 된 퇴직기술자인데 어느 날 구급차 사이렌 소리를 듣고 창밖을 내다보니 심장마비 환자의 신고를 받고 출동한 911구급차가 바로 근처에서 정확한 위치를 찾지 못해 이리저리 헤매는 것을 보게 되었다. 이 창밖의 광경을 보면서 그는 가정용 비상등을 개발하여 특허를 출원하였고 결국 대성공을 거두었다고 한다.

이와 같이 이제는 아이디어 하나로 많은 돈을 벌 수

있는 새로운 사회에 진입한 것이다. 그래서 연령이 문제가 아니라 아이디어가 문제인 것이다.

일본의 명물인 모리 아리아크힐즈 빌딩의 건축가인 모리 다이키치는 원래 요코하마대학의 교수였으나 50대에 부동산사업에 뛰어들어 동경의 중심지에 모리빌딩 1호에서 42호에 이르는 빌딩을 건설할 정도의 열정을 지닌 사람이다.

그는 동경 록본기에 미래의 지식, 정보 빌딩을 짓기 위해 재개발계획을 세웠지만 주민들의 반대가 심하였다. 하지만 그는 열정을 가지고 주민들을 14년 동안 평화적으로 설득하였고 결국은 주민들의 합의를 이끌어내어 14년간의 협상과 3년 동안의 건축을 통해 동경의 명물을 만들어 내었다. 고령의 나이에도 포기하지 않고 끝까지 목표를 이루기 위해 노력하는 그의 의욕은 인생 2기를 멋있게 장식하고 기업 활동에 정열을 쏟은 좋은 예가 된다.

일본에서는 전후의 베이비 붐 세대인 이른바 단카이

(斷魂)세대, 주로 1947년에서 50년 사이에 출생한 세대
가 우리나라의 50대가 겪는 것과 비슷한 일을 경험했다.
이들도 전후 경제 복구시절에 소년기를 보낸 후 일본의
경제 붐의 주역으로 활동해 왔지만 일본 버블 경제의 붕
괴로 인한 구조조정의 바람에 휘말려 직장에서 대거 밀
려난 세대이다.

고령사회 속에서도 얼마든지 미래를 바라보며 의욕과
투지로 젊은이 못지않게 사업을 성취할 수 있는 사례가
얼마든지 있다. 그 한 예가 바로 모리의 경우인 것이다.

그러면 활동연령이 고령화되면서 사회가 어떻게 변화
하는가 하는 것을 구체적으로 살펴보자.

농경시대의 대가족 전통사회를 거쳐 근대적인 경제사
회로 변천하면서 라이프 사이클은 크게 바뀌고 있다.
1960~70년대까지만 해도 우리네 사회의 라이프 사이클
은 인간의 형성기(0~25세에서 30세), 인간 활동기
(25~55세 내지 60세), 그리고 환갑을 맞아 여생을 보내

는 생애 주기를 유지하고 있었다.

<표1-라이프 싸이클의 변화>

과거	현재
성장기(0~25세)	성장기(0~25세)
활동기(25~60세)	활동기(25~50+)
은퇴기(60세 이후)	제3연령기(50+ ~)

그러나 개발 시대를 지나 산업 사회로 전환되고 21세기에 본격적으로 인간의 라이프 사이클은 변화되었다. 우선 평균수명만 하더라도 한국동란 이후 우리나라의 평균수명은 오늘날 20년이 연장되었다. 그 당시 1인당 GNP는 100달러 미만이었고 또 보릿고개 등 빈곤한 생활 때문에 1인당 영양 칼로리 섭취량도 기준에 미달했다.

하지만 오늘날 1인당 GNP는 2만 달러를 넘었다. 영양 과잉으로 각종 성인병, 비만 등 현대병에 노출되었다고는 하지만 그래도 평균수명은 그 당시에 비해서 크게 증가된 78세를 상회하였다. 자연히 라이프 사이클은 과거보다 연장되어 인생의 2모작, 3모작 혹은 골든 에이지, 앵

콜 인생이 논의되고 있다.

<표 2- 세계 연령별 인구구조>

(단위 : %)

	2005					2050				
	계	0-14	15-64	65+	80+	계	0-14	15-64	65+	80+
<세 계>	100	28.3	64.4	7.3	1.3	10	19.8	63.9	16.2	4.4
선 진 국	100	17.0	67.7	15.3	3.7	100	15.2	58.6	26.1	9.4
개 도 국	100	30.9	63.6	5.5	0.8	100	20.6	64.7	14.7	3.6
아 프 리 카	100	41.4	55.2	3.4	0.4	100	28.0	65.1	6.9	1.1
아 시 아	100	28.0	65.6	6.4	1.0	100	18.0	64.5	17.5	4.5
유 럽	100	15.9	68.2	15.9	3.5	100	14.6	57.9	27.6	9.6
라틴아메리카	100	29.8	63.9	6.3	1.2	100	18.0	63.5	18.5	5.2
북아메리카	100	20.5	67.2	12.3	3.5	100	17.1	61.4	21.5	7.8
오세아니아	100	24.9	64.8	10.3	2.6	100	18.4	62.2	19.4	6.8
남 한	100	19.2	71.7	9.1	1.4	100	8.9	53.0	38.2	14.5
북 한	100	24.2	67.3	8.5	0.9	100	16.6	65.4	18.0	4.1

자료 : UN(2007), 통계청(2006)

또한 <표2>에서처럼 한국의 인구구조도 세계 선진국의 추세와 같이 65세 이상의 인구 구성이 점점 증가함으로서 경제활동 인구도 앞에서 지적한 바와 같이 증가될 수밖에 없는 것이다.

미래를 바라볼 때, 경제적인 측면에서 향후 우리나라는

10년 안에 노동력은 경제 활동력이 왕성한 15-29세는 약 400만 명 정도가 감소하게 되고 고령층인 55세 이상은 약 380만 명은 증가하여 여러 경제적인 문제가 발생할 것이 거의 확실하다.

거기서 10여 년이 더 지난 2025년이 되면 고령인구는 30세 이하 인구의 무려 5배에 달할 것이다. 이렇게 인구 구조가 역 피라미드 형태로 전환되고 앞으로 저출산·고령화가 진행된다면 21세기 중반기에 경제활동 인구의 평균연령은 48세가 되는 것이다.

현재 우리나라의 경제활동 인구의 평균 연령은 33세로서 세계 평균의 38세보다 5년이나 낮아 훨씬 경쟁력을 가지고 있다. 그렇기 때문에 우리의 간판산업인 선박 제철 자동차 건설 등이 세계 상위권의 지위를 확보하고 있는 것이다.

하지만 앞서와 같이 역 피라미드 현상이 계속되면 이미 과거 북유럽의 국가들이 경험했듯이 우리의 간판산업

인 제조업은 경쟁력을 잃게 될 것이고 국가경제는 상당

한 위협을 받게 될 것이다.

<표3-노년부양비 및 노령화 지수 >

	1970	1980	1990	1996	2005	2006	2017	2020	2030
노년부양비 (%)	5.7	6.1	7.4	8.6	12.6	13.2	19.0	21.8	37.3
노령화지수	7.2	11.2	20.0	26.9	47.4	50.9	104.7	124.2	214.8
노인1명당 생산가능인구 (명)	17.7	16.3	13.5	11.6	7.9	7.6	5.3	4.6	2.7

자료 : 통계청, 「장래인구특별추계」 2006

주 : 노년부양비 = (65세이상 인구 / 15˜64세 인구) × 100
노령화지수 = (65세이상 인구 / 0˜14세 인구) × 100
노인 1명당 생산가능인구 = (15˜64세 인구 / 65세이상 인구)

실제로 고령화 추이를 나타낸 <표2>와 <표3>에서

설명하고 있듯이 라이프 사이클에서 성장기의 연대가 점

점 늦어짐과 동시에 고령화 추세에 따라 평균수명이 길

어지고 노인 인구 비율이 현재는 9.1%이지만 2018년에

는 14%에 도달하게 되어 우리나라도 머지않아 노인 대

국이 될 전망이다. 따라서 50대 이상의 인구는 21세기

중반에 약 40% 이상에 달하여 약 이천만 명에 이를 것
이다.

그리고 이에 따라 인구구조의 저출산·고령화 추세 속에
서 50대 이상의 인구가 많아서 실질적 부양부담이 크게
증가할 수밖에 없다.

<표4 - 고령화의 경제적 파급효과>

연도	경제활동참가율(%)	취업자수(전망)
1975	58.3	11,691
1980	59.0	13,683
1985	56.6	14,970
1990	60.0	18,085
1995	61.9	20,432
2000	60.7	21,677
2005	63.5	23,643
2010	64.3	24,836
2020	64.1	26,311
2030	62.6	26,189

한국개발연구원, 「2011년 비전과 과제」

그리고 <표4>에서 나타나는 경제활동참가율의 변화

등으로 인한 경제 파급효과도 이 고령화 진전에 의해서 국가마다 생산성에 차질이 올 수 있다.

21세기의 중반기에 이르면 대부분 선진국의 인구구조는 역 피라미드화 되어 취업자의 상당수가 고령화되어 우리나라도 이화 같은 인구 추세에 따라 <표4>에서 예시하는 바와 같이 고령자의 경제활동 참가율이 현재 63.5%에서 2020년에 64.1%로 증가될 것으로 보인다.

이렇듯 라이프 사이클은 한 개인의 인생에서 제2의 인생에 대한 관점에서는 물론이고 한 나라의 향후의 경제적인 측면에서까지 큰 영향을 끼치는 것이다. 그렇다면 이러한 라이프 사이클의 변화를 각 단계별로 구체적으로 살펴보자.

(2) 성장기(0-25세)

이렇게 다양화·고학력화·전문화되어 가는 와중에 인간 성장기는 25세, 혹은 학문을 하는 경우 30세 초반까지 연장 될 수 있는 상태에 있다.

현대 사회에서 대부분의 인간은 유아기를 거쳐 초, 중, 고등학교와 대학교 혹은 실업교육, 전문대학의 교육과정을 거치게 된다. 학교에서 시행되는 교육 외에도 군복무를 필하는 경우, 그리고 해외연수나 휴학을 통해서 인턴쉽(Internship)을 갖는 등 다양한 과정을 거치게 된다.

이렇게 한 개인이 사회에 진출할 때까지의 기간을 인간성장기라고 할 수 있는데, 점차 사회가 고학력화 되어감에 따라 30세까지 연장되는 추세에 있다.

과거 우리 전통사회는 10대에 결혼하여 부모와 더불어 생활권을 형성하여 일생을 보내는 대가족제도가 관례이던 시대였다. 하지만 오늘날은 많은 사람이 학교교육이 끝남과 동시에 대도시로 이동하여 경제활동을 시작하며 특히 여성 또한 취업활동이 현저히 증가되었다.

남녀 모두 학업이나 자신의 직업에서 전문성과 취향을 개발하고 독립성과 창의성을 발휘함으로서 결혼 적령기를 훨씬 넘기는 만혼시대를 맞기도 하였다.

<표5>에서 나타나고 있는 통계와 같이 여성의 사회진출과 고학력화에 의하여 점점 초혼연령이 늦어지고 출산연령도 약 50% 이상이 30대로 넘어가고 있다.

<표5 - 우리나라 평균 초혼 연령 추이>

	1981	1990	1995	2000	2006
남자	26.4	27.8	28.4	29.3	30.9
여자	23.2	24.8	25.4	26.5	27.8

통계청, 장래인구추계 2007

이렇게 다양화 · 고학력화 · 전문화 되어가는 와중에 인간 성장기는 25세에서 30세 혹은 학문을 하는 경우 30세 초반까지 연장될 수 있는 상태에 있다. 더욱이 우리사회가 IMF를 경험하면서 기업사회의 구조 조정이라는 태풍을 통해서 많은 사람들이 일자리를 얻지 못하고 실업상태에 있어서 사회에 진입하는 연령은 더 늦어 질 수 있다.

이것이 일종의 교훈이 되어 전공분야 외에도 사회의 취업 수요에 부응하기 위해서 별도로 새로운 기능과 전문교육을 받는 등 준비기간이 더 요구되기도 한다. 그래서 획일적으로 인간 성장기가 25세다, 30세다 라고 규정하기는 힘들지만 대체로 0세부터 25세로 볼 수 있다.

(3) 활동기(25~50+)

이 기간은 인간으로서는 핵심적인 활동기간이라 할 수 있다. 개인적으로는 결혼하여 자녀를 낳고 사회적으로도 배운 지식을 발휘하여 자기 기반을 구축해 나가는 등 가장 왕성한 활동력을 보이는 삶의 중심이 되는 기간이다.

이 기간 개인은 자기 인생의 중추적인 과업을 수행하게 되고, 일생에 자기의 토대를 마련하게 된다. 물론 일찍부터 자영업을 택하는 경우도 있지만 대다수의 사회활동을 하는 사람은 조직사회에서 활동하면서 가계를 이끌어가고, 자기 전문성을 발휘하게 된다.

인간성장기를 거쳐 사회의 일원으로 가정을 이루고 혹은 직장에서 자기의 전문성을 발휘하든지 자영업을 통해서 자기의 사업기반을 창조해 나가든지, 어떠한 경우든 30세부터 사회생활을 시작 한다.

활동 1기는 교육정도와 업무, 직책에 따라서 다양하게 분류된다. 예를 들어 자기 사업에 투신한 사람은 30세 이전에 사회에 진출하는 경우도 있으며, 자신의 능력이나 기력이 다하는 순간까지 지속적으로 사회생활을 영위하기도 한다. 대학 교수직의 경우 65세까지 활동기간이 보장되지만 기업, 직업군인, 금융기관 등의 봉급생활자는 특별한 승진을 제외하고는 대개 50대에 퇴직하는 것이 일반적이다. 그리고 금융기관의 경우는 55세에 − 이사급으로 올라갈 경우에는 더 연장될 수 있지만 - 대개는 정년퇴직을 하고, 개인회사의 경우는 60세까지 용인되기도 하지만 대개의 경우 활동 1기라고 생각하는 이 기간이 과거에는 사회 활동의 전부였다.

그러나 현대에 들어서 의학이 발달되고 과거 농경시대나 개발 초기와 같은 빈곤 상태에서 벗어난 덕에 오늘날은 상당히 장수하게 되었다. 심지어 우리나라에는 10만 명당 23명 이상이 100세인 장수지역이 13군데나 된다. 이렇게 점점 기대연령이 연장되는 상황에서는 인생활동의 제 1기를 25세에서 55세로 규정해 볼 수 있다.

사실 이 기간이 인간으로서는 핵심적인 활동기간이고 또 가정적으로도 결혼하여 자녀를 낳고 또한 사회적으로도 배운 지식을 발휘해서 자기 기반을 축적해 나가는 등 가장 중심이 되는 기간인 것만은 틀림없다. 이 30년간의 인간 활동 기간이 인생의 전부였던 시대도 있었다.

그러나 이제는 활동 연령이 75세 혹은 80세까지 연장

됨으로서 사회 활동 기간이 그만큼 확대되었다. 그래서 다음 활동 2기를 언급하게 된 것이다.

됨으로서 사회 활동 기간이 그만큼 확대되었다. 그래서 다음 활동 2기를 언급하게 된 것이다.

(4) 제3연령기(50+)

미국의 경우도 50세 이상이 약 7000만 명에 달한다고 한다. 우리나라도 50세 이상은 1000만 명에 달하며 이것은 우리 나라 인구의 약 20%이상을 점유 하고 있다. 또 일본은 70세 이상 인구가 전체의 20%이상을 차지하고 있다. 즉 제3연령기는 50+에서 80세 이후 까지 그 기간이 연장되고 있다.

인구구조는 국가에 따라 다르지만 선진국의 경우 노인 인구의 비중이 크며 전체 국민 중 50세 이상이 20%를 차지하고 있다.

선진국의 경우는 노인인구의 비율이 전 국민의 15%에서 20%에 달하는 고령사회에 접어들었다. 따라서 노인과 장년에 대한 복지적 차원에서 재취업을 위한 재훈련(OTC : Organization for Training Center)과 창업지원을 위해 각 주마다 EDA(Economic Development Agency)를 설치하여 고령자 인구의 창업 저변 확대에 관심을 기울이고 있다.

일본의 경우도 동경 대학에서는 최근 교수 정년연장 운동을 펴는가 하면, 미국의 전략 연구소에서는 21세기 중반에 들어서면 정년을 70세까지 연장해야한다는 주장을 전개하고 있다. 이들 주장은 평균수명의 연장과 조기 퇴직으로 인한 연금 및 재정비용의 증가 등의 사항을 고려하기 때문이다.

<표6 - OECD 국가와의 노인인구 비교>

	총 인구 대비 노인인구 비율(%)	65세 이상 노인인구 비중(%)		
		합계	65~79세	80세이상
호주	12.3	100.0	76.7	23.3
프랑스	16.0	100.0	76.9	23.1
이탈리아	18.1	100.0	78.4	21.6
일본	17.2	100.0	78.1	21.9
스웨덴	17.4	100.0	70.8	29.2
영국	15.8	100.0	74.2	25.8
미국	12.3	100.0	73.6	26.4
한국(2000)	7.2	100.0	85.8	14.2
(2010)	10.8	100.0	81.9	18.1
(2020)	15.5	100.0	76.5	23.5

주 : 외국은 2000년 통계치임
자료 : UN, World Population Ageing 1950-2050, 2002

또 미국에서는 고령화 사회에 적응하기 위하여 조기 퇴직해서 퇴직금을 받아 재테크에 투자하기도 하며, 혹은 다시 자기 전문성을 인정받을 수 있는 중소기업에 재취업하여 정년기를 넘어서 활동의 기회를 찾는 등 자기 생애주기를 재설정하여 노후생활을 활력 있게 갖는 사람들이 많다.

이것은 상호 이해관계가 일치되는 일이다. 즉, 재취업하는 사람은 퇴직금으로 투자를 하여 이익을 배당 받아 노후 대책을 하게 되고, 중소기업에서는 전문성이 있는 사람을 저렴한 임금으로 활용할 수 있으므로 결국 사회적으로도 유익하다.

이처럼 인생 활동 2기에 들어선 사람들이 더욱 활발하게 골든 에이지를 장식하는 사례가 증가하고 국가적으로도 노인북지차원에서 좋은 결과를 창출할 수 있다고 본다. 옛날에는 인생 60세를 지나면 자식들의 효도를 받아가면서 여생을 보내는 것이 전통사회의 미풍양속으로 여겨졌다.

하지만 현대 사회에 들어오면서 핵가족화 되어 이런 것을 기대할 수 없게 되었다. 또한 과거에는 직장의 퇴직금이 노년을 보장해 준다고 생각하였으나, 이제는 직장에 의존할 수 없으며, 여유 있는 노후 생활은 자신이 준비해야 한다. 이에 따라 이제는 60세 이후에도 활동을 희망

하는 사람이 많으며, 실제로도 65세 이상 고령자 가운데 경제활동을 하는 인구는 10년 전에 비해 약75% 늘어났다.

<표7 - 65세 이상 고령자 경제활동 인구>

(단위:명)

2001년	2003년	2005년	2007년
107만5천명	114만6천명	136만1천명	152만2천명

통계청, 2007

<표7>에 따르면 2007년 기준으로 65세 이상의 경제활동인구는 152만2천명으로 10년 전보다 65만3천명, 75.1% 증가했으며, 고령자 경제활동인구는 매년 꾸준히 늘어나는 추세이다.

이렇게 세상이 변해 감에 따라 과거와는 달리 이와 같이 활동 2기의 중요성이 점차 새롭게 부각되고 있다. 이 책에서 논의하는 대상은 바로 50대의 인생활동 2기에서

시작된다.

  다음은 인생의 2기인 60대에 접어들어 자신의 삶에서
큰 성과를 이룩한 한 사람의 예를 살펴보겠다.

"노후의 인생이 가장 중요하다"

  로이 허버트 톰슨(Roy Herbert, 1st Baron Thomson
of Fleet[1])은 캐나다 출신 영국인이다. 가난한 이발사
집안에서 성장하여 세계대전 때는 캐나다 군대에서 복무
했고 제대 후에는 세일즈맨으로 생활을 영위하였다.

  그는 40대부터 캐나다에서 영세한 라디오 방송국과 조
그만 지역 신문사를 경영했다. 그러다가 58세가 되어 자
신의 사업 토대인 캐나다의 작은 업체들을 아들에게 맡
기고 영국에 건너가 「선데이 타임즈」와 「타임즈」를
인수하는 등 기업의 확충에 열중하였다. 그는 마침내
1976년 82세의 나이로 전 세계에서 148개 신문사와

---

1) 톰슨(1894~1976) : 캐나다 출신 영국인, 언론인, 출판인으로 영국 최대의
   출판그룹을 이룩하여 영국 출판 왕으로 불리고 있다.
   자료제공 : British Council

138개 잡지사를 운영하는 '출판왕'이 되었다. 그래서 그는 『인생은 60부터(After I was sixty)』라는 자서전을 썼다.

저자는 이 톰슨 씨의 이야기를 영국의 특파원으로 가 있다가 돌아온 한국 언론인이 전한 말을 들으면서 깊은 감동을 받았다. 동서고급을 막론하고 60대는 어떻든 간에 은퇴시기이다. 그런 만큼 남들이 노인이라고 인정할 때 자기는 정열을 가지고 자기 일에 열정을 다한다는 것은 국경을 초월하여 존경심과 부러움을 느끼게 한다. 이제 톰슨 씨의 일화를 들으면서 느낀 것은 사업의 착수는 연령에 구애되는 것이 아니라 정열과 실천하는 용기에 달려 있다는 것이다.

많은 사람들에게 감명을 주는 것은 자서전에서 말하는 인생은 60부터라는 표현이다. 그는 인생은 60부터라는 말과 함께 몸소 창업을 통해서 성공을 이룸으로써 그 말을 실증해 주고 있는 것이다.

III. 50대는 시작이다

시작이다

- 50대 이후 성공한 창업 이야기들-

　이 책에서 우리는 50대 이후에 다시 시작하여 크게 성공한 인물 사례들을 접하게 된다.

　실패의 바닥에서 절망하지 않고 다시 시작해서 성공한 사람, 생계를 위해 어쩔 수 없는 선택이지만 그 속에서 의미를 발견하고 발전시킨 사람, 판에 박힌 삶만을 살다가 언제 죽을지 모르는 인생을 자신에게 의미 있는 것을 하면서 살다가 죽겠다며 멀쩡히 다니던 직장에 사표를 낸 사람, 젊은 시절부터 품었던 꿈을 이루기 위해 늦은 나이까지 노력하고 다시 도전한 사람, 사회에 무언가 공헌하고 싶어 뛰어든 사람.

　이들의 이야기는 어쩌면 나와는 거리가 먼 드라마 같은 이야기로 다가올 지도 모른다. 하지만 이러한 일들은 우리와 같은 시대를 사는 사람들에게 일어났던 일이고 지금 우리에게도 가능한 일임을 강조하고 싶다.

　단지 그들이 크게 성공하여 유명해졌기 때문에 그들을 소개하는 것은 아니다. 또한 그들의 성공을 본받기 위해서 그들을 소개하는 것도 아니다.

　평범한 성공을 말한다면 그들의 사업은 성공할 수도 있고 실패할 수도 있다. 또 성공의 대로를 달려가다가 급작스레 실패할 수도 있고 또 그 반대의 경우도 있다. 그들은 엄밀히 말하면 성공한 사람이라고 말할 수 있는 근거가 없다는 것이다.

　하지만 여기서 보는 성공의 관점은 다르다. 성공은 돈을 얼마나 많이 벌고 또 얼마나 유명해 지느냐 하는 것만을 의미하지는 않는다. 남들이 알아주지 않는 작은 일을 하더라도 그 일속에서 참된 삶의 의미를 발견하고 또 인생의 목표를 이루며 산다면 그 사람은 성공한 사람인 것이다. 그런 의미에서 여기 소개된 사람들은 모두 성공한 사람들이고 우리들 또한 성공할 수 있다는 것이다.

　고개 숙인 50대들과 다른 그들만의 성공의 비결, 바로 목표의식과 용기를 소개하려는 것이다. 사람이면 누구나 경험하게 될지 모르는 절망과 실패 가운데에서 그리고 특히 고령이라는 장애물 앞에서도 굴하지 않고 직업의 귀천을 떠나 그들의 삶의 의미를 찾기 위해 일어서는 용기가 그들이 성공한 제일 큰 이유라고 본다.

50대 이후에 창업하여 성공한 사람들의 이야기를 살펴보면서 그들의 상황에 내 상황을 대입해 보고 그들의 용기에 내 마음을 대입해 보면서 창업과 성공이라는 결과를 도출해 낼 수 있었으면 한다.

■ 50대 후반에 기간산업에
투자하여 재벌기업을 이룬 기업인

늦게 깨달은

- 만우(晩愚) 조홍제(趙洪濟)

창립 초기부터 15년간에 걸쳐 회사를 위해 몸 바쳐 일해 온 그가 회사를 떠날 때 그를 배웅 나온 사람은 불과 몇 명 되지 않았다. 집에 돌아온 그는 서재에서 여러 날 보내며 지난날을 회고 하다가 자신이 늦게 눈을 떴다는 것을 새삼 깨닫고 '늦게 깨달은 어리석은 사람이라'는 뜻으로 자신의 호를 만우라고 지었다.

효성물산을 창립한 조홍제[2] 회장은 선비였던 아버지의 영향을 받아 강직한 성품과 훌륭한 인격을 두루 갖춘 사람이었다. 1926년 우리나라가 일제 치하에 있을 당시 6·10 독립만세운동을 주도한 죄로 기소되어 옥고를 치르기도 했다. 그리고 바로 그 이듬해 1927년에는 동맹휴학을 일으켜 학교에서 퇴학당하기까지 한다. 퇴학당한 후 그는 일본으로 유학을 가서 법정대학 경제학부에 들어간다.

그는 유학시절, 장차 우리나라가 산업근대화를 이룩하기 위하여 어떠한 일을 해야 할 것인가를 생각하면서 열심히 공부한, 민족정신이 투철한 학도였다. 동경법정대학을 졸업하고 귀국한 후에는 고향으로 동아와 경상남도 군복금융조합의 조합장으로 일하면서 학생시절에 일제에 저항했던 그 정신으로 민족자본을 지키고 발전시키는 데 기여하였다.

---

2) 조홍제(趙洪濟 1906~1984) : 경남 함안출신, 호는 만우(晩愚), 일본법정대 경제학부졸업, 1962년 (주)효성물산, 한국타이어 독립경영, 전경연 부회장 역임, 1976년 금탑산업훈장 수훈
　　저서 : 『나의 회고』, 도서출판 고도
　　참고자료 : 『재벌의 뿌리』 태창문화사, 『재벌회고』 한국일보사, 『한국의 50대 재벌』 경영능률연구소

이렇게 현장에서 경영 수업을 했다고 할 수 있는 그는 해방 후 경남 진양에 있는 지수[3] 초등학교의 동창이던 이병철 회장과 함께 삼성물산의 경영에 참여하였다. 국가 경제를 위한 기업 활동을 본격적으로 시작한 셈이다.

그런데 제일제당의 사장직을 거치는 등 활발히 활동하던 그에게 인생의 대전환이라 할 만한 사건이 일어났다. 그의 나이가 막 56세가 되었을 때, 4·19혁명이 일어났다. 그리고 그 복잡한 환경 속에서 군사 정권에 의한 본격적인 경제 개발이 시작될 무렵 오랫동안 몸담았던 삼성을 떠나게 된 것이다.

현재 롯데 호텔이 서 있던 곳에 자리하고 있었던 반도 호텔에서 그가 삼성을 떠나던 날 오후, 창립 초기부터 15년 간 회사만을 위해서 몸 바쳐 일한 그를 배웅 나온 사람은 불과 몇 명되지 않았다. 조홍제 회장이 회사를 위

---

3) 지수 초등학교는 경상남도 진양군 지수면에 위치한 초등학교로서 산딸기가 무성한 약 백호정도의 아담한 동네에 있다. 그러나 이 학교가 유명한 것은 LG그룹을 설립한 고 구인회 회장, 그리고 구자경 회장, 금성사 회장을 지낸 허신구 회장, 그리고 이병철 삼성그룹 회장, 효성그룹을 이룩한 조홍제 회장 등이 이 학교 출신이기 때문이다.

해 바친 노력에 비하면 지독한 푸대접이 아닐 수 없었다.

처량한 마음으로 어쩔 수 없이 집에 돌아온 그는 서재에서 여러 날 지난날을 돌이켜 보았다. 생각 할수록 억울하고 아쉬운 심정이었지만 여기서 주저앉는다는 것은 더더욱 슬픈 일이었다. 이제 어떻게 해야 하나? 그는 생각 중 커다란 깨달음을 얻고 좀 늦었지만 이제 처음부터 다시 시작해야겠다고 결심했다. 그런 후 그는 '늦게 깨달은 어리석은 사람'이라는 뜻으로 자신의 호를 만우(晩愚)라고 지었다. 그리고 삼성과의 미련을 버리고 독자적인 사업구상에 들어갔다.

조홍제 회장이 처음 시작한 사업은 제분업이었다. 예전부터 계속 주장했듯이, 한 나라의 식량을 외국에 자꾸 의존하게 되면 그만큼 독립성에 해를 입는다는 국가경제를 생각하면서 일제시대 조합에서 일했던 경험으로 시작한 제분사업은 다른 업체를 인수하고 순조롭게 나아갔다. 그러나 그는 곧 산업의 전환을 시도하였다.

　한창 사업이 바쁜 중에도 조홍제 회장은 지금까지 발전해온 한국 경제의 형태를 관찰하며 향후 우리나라가 나가야 할 방향을 모색해 보았다. 그 결과 개발초기이던 당시에는 노동 집약적인 산업인 합판, 봉제, 가발 등의 제품이 수출의 주종을 이루었지만 앞으로는 보다 기간산업으로서 섬유, 자동차 관련 산업 등의 비중을 중시하게 될 것이란 결론이 도출되었다. 결론이 그렇게 나왔다면 주저할 것이 없었다.

　"기업은 국가 발전의 토대 위에서 경영되어야 한다."는 것이 그의 평소 소신이었고, 그가 사업 방향을 선회하여 효성물산과 한국타이어 등의 회사를 설립하고 독자적으로 운영하게 된 것은 당연한 일이었다.

　늦게 깨달아 자기 기업을 일으키는데 만시지탄(晚時之歎)의 느낌이 있었지만 그는 오로지 국가 산업의 발전을 고려하고 젊은 시절부터 가진 국가에 기여할 수 있는 산업에 깊은 관심을 가지고 노년기에 젊은이 못지않게 사업에 불철주야 뛰어다녔다.

그가 홀로 서던 당시, 그의 나이 56세는 오늘날 환갑을 한참 넘은 노인보다 더 노년으로 여겨지던 황혼기의 나이였다. 1960년대에는 평균수명이 고작해야 60세에 불과하던 시기였지만 오늘날에는 평균수명인 78세를 훨씬 넘어 80에 가까운 고령시대인 것을 감안한다고 생각하면 그 시절 그 나이는 절대 적다고 볼 수 없는 노년기의 나이다.

게다가 조홍제 회장은 이렇게 뒤늦게 자신의 사업을 시작한 후에도 21년이나 현역에서 일하였고, 1984년 신부전증으로 상망하기 불과 4년 전인 1980년까지도 75세라는 노령에도 불구하고 (주)효성 바스프를 설립하는 등 사업에 열정을 잃지 않고 끝까지 분투한 위대한 기업가이다.

오늘날 많은 50대가 IMF 외환위기 이후 대기업의 전문경영인이나 금융기관에서 명예퇴직 당한 후 사회로 쫓겨 나온 수많은 사람들이 좌절과 방황감에서 벗어나지 못하는 현실 사회와 한 번 비교해보자. 고 조홍제 회장이

56세에 자기 자신의 기업을 일으켜 여생을 모두 바쳐 오늘날 굴지의 재벌기업을 이룩한 사실과 아마도 그 바탕이 되었을 애국적인 기업가 정신을 음미하면 커다란 감동을 받음과 동시에 우리에게 시사 하는 바가 적지 않다.

미래를 예견한 노숙한 단안

- 김향수(金向洙)

쌓아온 경험과 지식을 젊은이들에게 쓸모 있는 조언(助言)으로 전달하면서, 나이를 탓하며 뒤로 물러난 삶을 사는 구세대에게도 무언가 본보기가 되는 삶을 살고자 다짐하고 새로운 일에 뛰어들 결심을 했던 것이다. 그는 인생의 환희와 기쁨은 일 속에 있다고 믿었다. 생명의 본질은 활동하지 휴식이 아니라고 주장한다.

미국의 경제 잡지 포춘(Fortune)지의 2002년 2월28일
자에서 10억 달러 이상 세계 500대 부자를 발표했다. 그
가운데 한국인이 네 명 포함되어 있었다. 우리나라에서
선정된 사람은 삼성의 이건희 회장, 롯데의 신격호 회장,
손정의(孫正義) 사장, 그리고 국내에서는 잘 알려져 있지
않은 '앰코 테크놀로지'의 김주진[4](미국명 James Kim)
회장이다.

미국 펜실베이니아주 델라웨어밸리에 있는 반도체 패
키징 회사 '앰코 테크놀로지' 김주진 회장은 미국 400대
갑부에 5년 연속 선정되었다. 경제전문지 포브스(2004년
9월 24일자)에 따르면 김 회장은 400대 갑부 명단에서
순자산 8억8000만 달러로 348위를 차지하면서 동포로는
유일하게 포함됐다.

김주진 회장은 고 김향수[5] 회장의 자제가 되는 분이

4) 김주진 회장은 아남그룹 창업주 고 김향수 씨 장남으로 1968년 앰코테크
   놀로지를 설립했으며 국내에 앰코코리아를 두고 있다.

5) 김향수(1912~2003) : 전 앰코테크놀로지코리아 명예회장, 전 아남반도체
   명예회장, 전남 강진출신, 일본대 법과, 연세대 명예공학박사, 제4대국회
   의원, 국내최초반도체 사업에 착수하여 1973년 아남전기창업, 금탑상업훈
   장 수훈. 자서전 : 『작은 열쇠가 큰문을 연다』, 아남그룹홍보팀,1993

며 김향수 회장은 60세를 바라보는 나이에 반도체 사업을 착수하여 오늘의 아남전자를 이룩한 장본인이다.

아남전자의 김향수 회장은 50대 후반에 사업을 처음 시작한 것은 아니었지만 한동안 국회의원으로서 정치 활동으로 인해 기업을 떠나 있던 사람이다. 하지만 4·19 혁명이 일어나고 군사 정권이 수립되면서 국회가 해산될 당시 그는 정치가 아닌 기업 활동을 통하여 나라경제를 회생시킴으로 보국하겠다는 신념으로 60세를 바라보는 나이에 재 창업에 몸을 던졌다.

그는 먼저 일본에 건너가 시장 조사를 하면서 향후 우리나라에 발전시켜야 할 산업이 무엇인가를 면밀히 검토하였다. 그 당시만 하더라도 경제 개발 초기에 수출 산업의 주종은 저렴한 노동력으로 임가공 한 가발과 같은 제품이었으나 앞으로 이러한 노동집약 산업 제품은 경쟁력을 잃게 되고 지식 내지 자본집약 산업으로 이전될 것을 예측했던 것이다.

당시 소문에 반도체는 트렁크 하나에 100만불 어치를 넣어 다닐 수 있는 엄청난 것으로 배한가득 실어도 기십만(幾十萬)불에 불과한 당시의 수출산업들과 차별성이 있는 산업인 점이 그의 관심을 끌었다. 당시 일본이 미국보다 10배 뒤쳐진 분야인 반도체, 일본에서도 생소한 그 분야를 개척해서 성공했을 때의 결과는 확실했다. 국가경쟁력이 있고 전망도 있는 미래지향적인 첨단산업을 고민하던 그에게 반도체 산업은 바로 해답이었던 것이다.

하지만 그 일은 쉽지만은 않았다. 그의 결정에 대해 주변 사람들은 재벌도 아니며 더구나 남들은 은퇴하는 고령(高齡)으로 하필이면 그렇게도 어려운 반도체를 선택하느냐며 염려를 표했다. 그의 자녀들 또한 극구 반대를 했다. 무엇 때문에 한국에서 어느 재벌급 기업도 시작해 본 적이 없는 반도체사업을 아무 지식도 없고 기술도 없는 사람이 그것도 예순 환갑을 바라보는 노년(老年)에 시작하느냐며 펄쩍 뛰었다고 한다. 그냥 자식들 봉양 받으며 편안한 노후를 맞이하라는 말이었다. 그의 반도체 사업에 대한 결정은 만나는 사람마다 걱정과 반대를 하게 하는 일이었다.

그도 그럴 것이 당시 반도체산업은 세계 점유율 100% 였던 미국에서도 그 일에 종사한 사람들 안에서도 감을 잡을 수 없어 고민하는 산업이었다. 젊고 투지만만한 몇 몇 기업인을 제외하고는 모두 포기할 정도로 쉽지 않아 '크레이지 비즈니스(Crazy Business)'라고까지 불리는 산업이었다.

그는 사실 노후와 자녀들을 위해 몰래 은행에 맡겨둔 예치금에서 나오는 은행이자 만으로도 일을 하지 않고도 여생을 편히 지낼만한 재력(財力)이 있던 사람이었다. 그의 자식들 또한 교수, 박사 등 소위 잘나가는 중이었다. 그러나 그는 나이 핑계나 하면서 자식들에게 기대어 개인 삶의 안락만을 위해 무위도식(無爲徒食)한다는 사실을 스스로 용납할 수 없었던 것이다.

그는 자신이 한평생을 사업과 정치에서 쌓아온 경험과 지식을 젊은이들에게 쓸모 있는 조언(助言)으로 전달하

면서, 나이를 탓하며 뒤로 물러난 삶을 사는 구세대에게
도 무언가 본보기가 되는 삶을 살고자 다짐하고 새로운
일에 뛰어들 결심을 했던 것이다. 그는 인생의 환희와 기
쁨은 일 속에 있다고 믿었다. 생명의 본질은 활동이지 휴
식이 아니라고 주장한다.

결국 그는 그 산업에 본격적으로 뛰어들었고 오늘의
아남반도체를 만들어 낸 것이다. 훗날 평범한 사업가로
한 때 국회의원을 지낸 사람으로 자신을 기억하는 것보
다 첨단산업에 대한 웅지(雄志)를 품고 우리나라 최초로
반도체 산업을 성공시킨 역사에 남는 사람으로 기억되고
자 하는 비전이 있었고 그는 그 비전을 감당할 만큼의
엄청난 노력을 쏟아 부었던 것이다.

자금을 구하기 위해 여기저기 뛰어다녔고 또 작은 먼
지에도 예민한 반도체공장을 만들기 위해 온갖 노력을
다 기울였다. 그리고 1968년 그는 아남산업의 사업 목적
에 전자 부품 제조업을 추가하였고 본격적인 일을 시작
했다. 생산 시설물까지 도입하고 공장가동을 준비했다.

하지만 연구개발, 제품생산, 수출시장 확보 등에 뭐 하나 빠진 것 없이 애로사항이 산적해 있었다. 하지만 역시 수주(受注)를 따내는 일부터 쉽지 않았다. 간단한 가공 물건을 싼 노동력을 바탕으로 만들어 팔던 조그만 나라에서 기술 집약 제품인 반도체를 만든다는 것을 쉽게 믿고 주문을 해줄 리가 만무한 일이었다. 영구, 일본 등의 선진국에게도 일감을 주지 않는 상황에서 한국의 기업가를 상대할 고객은 없었다.

주변의 반대와 불가능이라는 말들이 그대로인 것 같았다. 벼랑 끝에 선 심정으로 인내심이 바닥나는 상황 가운데 견디고 있었다. 한 때는 자살까지 생각할 정도였다고 한다.

바로 그 때 빌라노바 대학 부교수로 종신 교수 자격까지 얻었던 장남이 그 자리를 포기하고 그의 사업의 파트너로 뛰어들었다. 반도체에 대해 초보이기는 마찬가지였지만 그들은 열정과 인내로 이 일을 시작했다. 이들 부자(父子)와 외국에서 근무한 경력이 있는 초창기 멤버들의

노력은 결국 첫 수주 받은 물품의 '제품 Excellent' 라는
회신과 함께 이 땅에 최초로 반도체의 문을 열게 되었다.
정부와 국내 재벌의 본격적인 참여가 있기 15년 전부터
이 땅에 반도체의 뿌리를 내리게 된 것이다.

이제 아남전자는 70년대 초부터 지금까지 국내 반도체
와 전자산업을 자극하고 발전시키는 굴지의 기업이 되었
으며 또 이 분야의 기능공과 엔지니어를 배출하는 양성
소(養成所)가 되었다.

아남그룹의 사시(社是)는 '하면 된다. 창의와 집념으로
세계 속의 아남(亞南)을 더욱 빛내어, 민족번영과 국제우
호 증진의 역군이 되자' 이다. 그가 지녔던 집념(執念)과
열의(熱意), 그리고 인내(忍耐)는 그와 아남의 성공 기
반이기도 하지만 세상만사에 대한 성공의 열쇠인 것이다.

앉아서 늙어 녹스는 것 보다

열심히 뛰는 것이 낫다

- 커넬 선더스

(Colonel Sanders)

그는 더 이상 잃을 것이 없을 정도로 인생의 쓴맛을 골고루 다 맛보았다. 그가 항상 자신에게 하는 말은 '앉아서 늙어 녹스는 것보다 열심히 뛰는 것이 낫다'는 것이었다. 그는 그런 생각으로 60세에 인생의 마지막 도전장을 냈다.

세계 어느 도시에서나 번화한 거리를 걸어가다 보면 마치 산타클로스처럼 하얀 수염을 기른 할아버지가 식당 앞에서 환영하듯이 양손을 내밀고 있는 마네킹을 보게 된다. 이 마네킹이 서 있는 뒤에는 KFC(켄터키 프라이드 치킨) 마크가 붙은 체인점이 세워져 있다.

미국 뿐 아니라 전세계 82개국의 나라에서 판매되고 있는 KFC! 바로 이 마네킹은 60세의 나이에 치킨 체인점 사업에 도전하여 세계적인 브랜드, 켄터키 프라이드 치킨(KFC) 체인점의 원조가 된 커넬 선더스[6]의 모습을 상상한 것이다.

선더스 씨는 유년기와 청년기에 여러 곳에서 일을 하면서 어려움을 겪으며 많은 경험을 쌓았던 사람이다. 그는 6세 때 아버지를 잃고 가난하여 소년 가장이 되어 동생들을 돌보며 집안일을 맡아 하면서 요리에 능숙하게 되었다.

---

6) 커넬 선더스(Colonel H. Sanders:1890~1980) : 작은 레스토랑에서 시작하여 미국 패스트푸드업계의 선구자가 된 KFC의 창립자
KFC홈펭이지 : www.kfckorea.com

하지만 정규적인 공부를 하지 못하고 타이어 판매원 등 여러 직업을 전전하며 생계를 이어간다. 그러다가 어느 제빵 공장에서 일을 할 기회가 생겼는데 그것이 그가 사회에 처음으로 식품과 관계를 맺게 되는 인연이 된다.

그러나 그는 그 식품회사의 일자리를 떠나 철도에 취직을 하게 되고 철도 소방원으로 일을 하면서 얼마간의 기간을 보냈다. 그리고 또다시 그 직장을 그만 두고 이번에는 보험회사의 외판사원 일을 하면서 가정을 꾸려나갔다. 그러나 그것마저도 계속하지 못하고 그만둔 후, 이번에는 편의점이 딸린 주유소를 운영하면서 자동차 세차 서비스를 하며 지냈다. 이렇게 여러 가지 직업을 거쳤지만 하나도 제대로 이루지 못했던 그는 결국 주유소 운영마저 실패하고 말았다.

이렇게 어린 시절부터 그는 어떤 직장에도 오래 지속해서 있지 못했고 어떤 장사를 시도해도 성공하지 못하는 낙오자가 되어 깊은 좌절에 빠졌다. 그렇지만 그는 좌절의 밑바닥에서 신앙을 가지고 남에게 봉사하는 자세로 살겠다고 단단히 마음먹고 다시 일어나겠다는 결심을 하고 일어섰다.

이번에 그는 1930년 켄터키 주(州) 코빈에 있는 주유소에서 일하면서 여행객을 위한 음식을 만드는 일부터 시작하였다. 그가 레스토랑을 운영한 것이 아니라 주유소 내의 식탁에 음식을 제공한 것이었다.

그러자 선더스의 음식을 좋아하게 된 사람들은 점점 모여들었고 선더스는 주유소 건너편에 142명이 앉을 수 있는 레스토랑으로 자리를 옮겼다. 그후 10년 동안 11가지 독특한 맛의 치킨 양념을 완성시켰으며, 그 비법은 오늘날까지도 유지되어 오고 있다.

이미 중년의 나이가 되어 켄터키 주에 새로 연 레스토랑에서 치킨을 만들어 팔던 그는 웬일인지 이번엔 점차 평판을 얻어서 음식점을 소개하는 잡지에 실리는 등 좋은 일만 반복되어 생애 최초로 사업에 성공하는가 싶었다.

심지어 커넬이라는 그의 이름도 켄터키 주의 대표적인 요리로 그의 치킨이 유명해진 데에 대한 감사의 표시로 주지사가 수여한 명예 대령(Colonel) 칭호였다.

하지만 그의 사업이 성공의 길만을 걸었던 것은 아니다. 그 지방의 도로 계획으로 인해 이번에는 최대의 공급처였던 식당이 도로 계획으로 인해 국도 변에 있던 좋은 상가 위치에서 밀려나게 되어 식당을 도리 없이 경매에 넘겼다.

그는 완전히 인생의 실패자로 낙인이 찍히고 한때 정신질환까지 앓게 되어 사회보장 기금 105달러로 생활을 이어가는 처지에 놓여 절망에 허덕이게 되었다. 60대에 막 들어선 그는 더 이상 잃을 것이 없을 정도로 인생의 쓴맛을 골고루 다 맛보았다. 그러나 그에게 후회는 없었다. 그가 항상 자신에게 하는 말은 '앉아 늙어 가면서 녹스는 것 보다 열심히 뛰는 것이 낫다'는 것 이었다. 그는 그런 생각으로 60세에 인생의 마지막 도전장을 냈다.

주변에서는 "돌았다" 혹은 "몽상가이다"라고 많은 말들로 그를 질타했지만 그는 아랑곳없이 이것이 나의 막차라고 결단을 내렸다. 게다가 그는 식당을 경영하면서 자신이 개발해낸 11가지 독특한 양념의 프라이드 치킨에 일종의 자부심을 가지고 있었고 이 좋은 음식이 사장된다는 것이 안타까웠다.

그는 곧 부인과 함께 전국을 순회하면서 요리사나 경영자들에게 자신이 만든 켄터키 프라이드 치킨을 직접 먹여 보이면서 닭 한 마리당 5센트의 로열티를 받고 전국의 레스토랑에 그의 치킨을 전파시켰다. 켄터키 프라이드 치킨의 맛을 좋아하는 사람은 적지 않았고 계약은 순조로웠다.

그래서 십여년 후에는 미국과 캐나다에 600개 이상의 프랜차이즈 매장을 이룩하게 되었다. 그의 경영 목표는 품질, 서비스, 청결의 세 가지를 충실히 지켜 나가며 실패를 거듭하면서도 인생의 막판까지 도전을 멈추지 않았던 선더스 씨는 이렇게 거대한 켄터키 프라이드 치킨 체

인화를 이뤄내게 된 것이다.

그는 먹는 즐거움을 모두에게 제공하는 것이 그의 사명이라고 믿었다. 바로 이 사람이 60대의 나이로 고작 105달러의 사회보장기금과 자신의 요리에 대한 긍지, 그리고 부단한 용기를 자본 삼아 프라이드 치킨 프랜차이즈를 세계 무대로 성장시킨 KFC 신화의 주인공이다.

52세에 맥도날드에 뛰어든
- 레이몬드 앨버트 크록
(Raymond Albert Kroc)

52세라는 적지 않은 나이에 유일한 재산인 집을 저당 잡힌 자금으로 시작했던 자기의 사업을 정리할 정도의 과감성을 발휘하며 새로운 사업에 뛰어들어, 자신이 수십년동안 쌓아온 세일즈 기술을 유용하게 사용하여 결국은 크게 성공한 레이 크록. 그가 은퇴한 나이는 79세였다.

세계 120여개의 나라, 29,000여 매장을 지닌 햄버거 왕국 — 맥도날드! 그러한 맥도날드의 역사는 1955년 믹서 판매업자인 레이 크록(Ray A. Kroc)[7]이 52세의 나이에 딕 맥도날드와 맥 맥도날드 형제를 방문, 프랜차이즈 판매권을 사들여 공동경영에 나선 것으로부터 시작되었다.

레이 크록은 어려운 집안 사정으로 인해 고등학교를 중퇴하고 15세 때부터 식당에서 피아노연주를 하면서 생활을 꾸려나갔다. 그러던 어느 날 그 식당에 종이컵을 배달하는 사람을 알게 되고 자신도 무언가 한곳에 일하는 것보다는 여러 곳에 다니며 일하는 것이 적성에 맞다고 생각하고 세일즈의 길에 뛰어들었다.

사실 그는 소년시절 견문을 넓히고자 적십자단원으로 활동하기도 했다. 그는 자신의 적성을 바로 알고 있었던 것이다.

---

7) 레이크록(Ray A. Kroc 1902~1984) : 캘리포니아의 한 햄버거 가게를
   세계적인 기업으로 만든 맥도날드의 창시자
   맥도날드홈페이지 : http://mcdonalds.co.kr

자신의 돈과 집을 저당 잡혀 자금을 만들어 밀크 쉐이크를 만드는 '멀티믹서'라는 기계를 식당에 납품하는 일을 하고 있었다. 그러던 어느 날 그는 캘리포니아에 있는 맥도날드 레스토랑은 다른 식당과 달리 한번에 8개의 멀티믹서를 사용한다는 이야기를 듣고 그곳에 물건을 납품하고자 방문하게 되었다.

그가 찾았던 식당은 음식의 질과 풍부한 양, 저렴한 가격, 빠른 속도, 깨끗한 주방으로 캘리포니아 일대에서 소문이 난 식당이었다. 레이 크록은 식당을 보자마자 이 사업이 해볼 만한 사업임을 확신했다.

그리고는 멀티 믹서 판매 보다는 맥도날드 체인을 전국적으로 확대하는 판매회사가 더 낫다고 판단하여 맥도날드 체인을 전국적으로 확대하는 판매회사가 더 낫다고 판단하여 맥도날드 형제를 설득하여 프랜차이즈 영업권을 따냈다. 1955년 맥도날드 시스템(Mcdonald's Inc.)을 설립하여 본격적으로 맥도날드 프랜차이즈 사업에 뛰어들었다. 그 때 그의 나이가 52세였다.

그가 전국적인 체인망을 설치하는데 성공할 수 있었던 이유 중에 하나는 맥도날드가 보유하고 있던 남다른 햄버거 사업의 특성 때문이었다. 즉, 햄버거 사업에 적극적으로 채택한 분업방식의 인상적인 효율성과 획일성, 그리고 빠른 속도이다.

당시 맥도날드 레스토랑은 독특한 맛과 서비스 , 신속한 판매 등으로 많은 손님을 확보하고 있었다. 하지만 레이 크록이 없었다면 아마 맥도날드는 단지 하나의 레스토랑에 불과 했을지도 모른다. 전 세계에 확산되어 있는 지금의 맥도날드 체인점은 맥도날드 형제들이 본점의 영업에만 신경 쓸 뿐 사업의 확장에는 별 관심이 없었을 때 프랜차이즈 사업에 뛰어든 레이 크록의 철저한 세일즈 정신에 기인한 것이다.

그는 전국을 뛰어다니며 맥도날드 매장을 열었고 철저한 품질관리로 성공을 거두었다.

레이 크록은 자신의 30년간의 세일즈 경험으로 프랜차

이즈 체인점들에 대한 경영에 혁신을 일으킨 것이다. 맥도날드는 전국 어느 지점에서도 같은 양, 같은 맛, 같은 가격에 판매되었다. 이는 대부분 레이 크록이 도입한 여러 가지 표준화 기계들, 이를테면 일정한 시간동안 감자 튀김을 구워주는 기계, 적당한 양의 음료수가 컵에 담기면 저절로 멈추는 기계 등과 그 자신이 지점들을 관리하는 경영 방침의 덕이었다.

그는 한편으로는 가맹비를 많이 받지 않고 대신 매출액의 1.9%를 내게 함으로써 수익유지와 함께 가맹점의 부담을 줄이는 방법을 취했다. 그리고 가맹점의 창의성 보장과 아이디어를 수용하여 새로운 메뉴를 개발하는 등의 유연성도 발휘했다.

그가 종업원들에 대해 한 말에서 평소 그의 사업 방침을 볼 수 있다. "당신을 위해 일하는 사람들을 잘 보살펴주세요. 그들이 어떤 일을 이루었을 때 크게 칭찬하세요"

52세라는 적지 않은 나이에 유일한 재산인 집을 저당잡힌 지금으로 시작했던 자기의 사업을 정리할 정도의 과감성을 발휘하며 새로운 사업에 뛰어들어, 수십년 동안 쌓아온 세일즈 기술을 유용하게 사용하여 결국은 크게 성공한 레이 크록. 그는 은퇴할 때 79세였다.

■ 50대에 코리아나 화장품을 창업하여
10년 만에 톱(Top) 3에 올려놓은 경영인

늦었다고 생각한 때가

바로 시작할 때이다.

코리아나 화장품

– 유상옥(兪相玉)

남들이 55세가 되어 은퇴 이후 조용히 여생을 보낼 시기에 그는 경합이 심한 화장품업계에 투신하여 작은 사무실에서 전화 두 대, 영업사원 5명으로 시작하여 현재 코리아나 화장품을 Top 3에 올려놓은 사람이다.

　유상옥 회장8)은 1933년 충청남도 오지인 청양에서 출생하여 일찍이 서울로 상경하였다. 처음에는 안정적인 은행원이 될 생각으로 덕수상고에 들어갔다고 한다. 그러나 지금 그는 고대 상과를 졸업하고 박사 학위까지 취득한 학구파이며 공인회계사 자격증도 소지하고 있는 엘리트 기업인으로 확고히 자리를 굳힌 상태다.

　그는 대학졸업 후 원래 생각했던 은행이 아니라 동아제약 첫 공채인 1기로 입사하였다. 하지만 그 당시는 나라 상황이 워낙 안 좋았기 때문에 그나마 취직이라도 한 것이 다행인 때였다. 불평할 여유도 없이 일하던 그는 동아제약에서 남다른 진취성과 노력으로 일찍이 두각을 나타낸 덕분에 사장의 눈에 띄어 빠른 출세 길을 걸을 수 있었다.

　여러 중역 자리를 거치면서 드러난 그의 능력에 주목

---

8) 유상옥(兪相玉 1933~) : 충남 청양출신, 덕수상고, 고개 상대, 경영대학원 졸업-경영학 박사, 공인회계사. 동아제약(주) 공채입사 상무이사 역임, 라미화장품(주)대표이사 사장 역임, 現(주) 코리아나 화장품 대표이사 회장
저서 : 『33에 나서 55에 서다』 삶과 꿈, 『60에도 회장을 한다』
홈페이지 : http://www.yusangok.pe.kr

한 사장은 어느 날 동아 제약의 자회사인 라미 화장품의 대표 이사직을 맡겼다. 동아 제약이 사들여 놓고 경영부진으로 적자를 거듭하고 있던 라미 화장품을 유상옥 회장의 힘으로 일으켜 보라는 것이다.

그가 이사직을 맡은 후 살펴 본 결과 라미 화장품의 재정 상태는 상상외로 나빴다. 하지만 사원들의 힘을 북돋워 주고 일할 분위기부터 만드는 사려 깊은 경영 방식과 사원 모두의 이름으로 개인 대출을 받는 등 적극적인 행동력을 바탕으로 그는 라미 화장품을 흑자 기업으로 만드는데 성공한다. 거의 기적 같은 일이었다.

10여 년 동안 자기 힘을 일으켜 세운 라미 화장품의 대표 이사로 계속 재직해 오던 그에게 첫 시련이 닥쳐온다. 노사분규였다. 개인으로서는 사원들을 위해 작업 환경에 신경 쓰는 등 여러 가지 처우 개선에 노력해 왔지만 회사 오너의 사고방식은 달랐다. 결국 노사분규는 사원들과 그 사이에서 상당히 원만하게 해결이 되었으나 오너에게 이러한 결과는 그의 실책으로 보였던 모양이다.

　"이제 좀 쉬지"라는 말과 함께 그는 한직이었던 동아 유리공업의 대표 이사 자리로 밀려나게 되었다.

　동아 유리공업은 동아 제약의 효자 상품인 박카스의 병을 만드는 회사였다. 어떻게 보면 편한 자리이기는 했지만 이미 판로와 생산라인이 다 고정되어 있어 딱히 할 일이 없는 한직이기도 했다.

　그는 이 회사 안에서 자신이 할 만한 일을 열심히 찾아보았지만, 도저히 자신의 경영 능력을 발휘할 만한 여지가 보이지 않는 데에 절망을 금할 수 없었다. 갑자기 할 일이 없어진 것을 견디지 못했던 그는 그 스트레스로 신경성 위염 판정까지 받고 결국 그 직장을 떠나 자신이 자유로이 일 할 수 있는 기업을 만들기로 결심하였다. 그리고 곧 동아 유리공업을 사직했다.

　사표를 낸 그가 창업을 한다고 하자 주위 사람들은 하나 같이 그를 말렸다. 30년간 회사에서 월급 받으며 살아온 월급쟁이에게 너무 무모한 짓이라는 것이었다. 받은

퇴직금을 가지고 편안하게 여생을 보내는 것이 훨씬 낮
지 않느냐는 얘기들이 대부분의 의견이었다.

하지만 동아 유리공업을 시작한 1987년 가을부터 이
듬해 가을까지 외롭게 일 년을 보내면서 그는 새로 깨달
은 것이 있었다. "내가 이렇게 일을 하고 싶어 하는 것은
아직 할 일이 남아 있다는 것이다. 나는 일꾼이다. 일이
주어지지 않으면 스스로 일을 찾아 나서자."

마침내 주위의 만류에도 불구하고 그는 창업을 통해
제2의 인생을 설계하기 시작했다. 이때부터 그에게는 힘
든 시간이 기다리고 있었다. 하지만 이 기간이 있었기에
오늘날의 코리아나 화장품이 존재할 수 있었다고 그는
회고한다.

창업을 하려면 우선 중요한 것은 사업할 아이템의 선
정이었다. 자신이 가장 잘 할 수 있는 것이 무엇일까? 그
는 다 쓰러져 가는 상태에서 사원들과 일심동체가 되어
일으켜 세운 라미 화장품의 기억을 지울 수 없었다. 화장

품 사업은 자신이 10년이나 몸담아 왔던 사업이었다. 하지만 이 때 화장품 사업체는 이미 국내에도 상당히 여러 개가 활동하고 있어서 틈새 사업도 아니었다.

궁하면 통한다고 했던가? 마침 그에게 좋은 기회가 찾아왔으니 87년 겨울, 세계적인 화장품 메이커인 이브 로셰(Yves Rocher)와 합작하는 것이 어떻겠냐는 제의를 받게 된 것이다. 그리고 다음해 프랑스 본사로 찾아가 그간의 경영 경험을 살려 짠 사업계획을 담당자 앞에서 열정적으로 설명하고, 총대리점 계약서에 서명을 받아 내었다. 함께 경쟁을 벌였던 국내 유수의 기업들을 모두 따돌리고 맨손으로 얻어낸 계약 이었다.

남들이 은퇴 이후 조용히 여생을 보낼 궁리를 할 나이에 55세에 이렇게 막 자기 사업을 들어서고 있었다. 보따리장수로 오인 받는 해프닝까지 겪으면서 이브 로셰가 한국에 뿌리내리는 데 열심히 일했던 그는 마침내 같은 해 늦가을, 작은 사무실에 전화 두 대, 영업 사원 5명을 두고 자신의 기업체 코리아나 화장품을 창업했다.

일할 기회를 잃게 된 위기를 창업을 통해 새로운 인생을 시작하는 기회로 바꾼 셈이다.

이브 로셰 대리점 일은 어디까지나 외국의 물건을 수입해서 파는 일이었다. 하지만 유 회장은 그런 장사보다는 직접 제품을 개발해 판매하는 제조업을 기반으로 한 사업체를 만들고 싶었다. 이 생각은 코리아나를 설립하고부터 더욱 강해졌다. 그래서 그는 자신의 퇴직금 전부와 주변 친지들의 자금, 그리고 중소기업 창업 차관 등을 구하여 어려움 끝에 마련한 자금을 공장 지을 땅을 사는 데 투입했다.

이렇게 힘들게 산 땅인데 당연히 부지 선정도 대충할 리가 없다. 화장품의 거대 소비 시장인 서울에서 가까우면서도 땅값이 비교적 안정되고, 공장 간판을 세울 때 많은 사람이 볼 수 있는 곳이라는 입지조건을 고려하여 경부고속도로에서 인접하고 지하수 공급 등의 배후 조건이 양호한 곳을 고민 끝에 찾아 천안에 공장이 건축 되었다.

2년여만의 노력 끝에 공장이 완성되자, 화장품의 미적 감각과 어울리며 직원들의 작업환경을 고려한 정책으로 공장 주변에 향나무, 은행나무, 소나무 등을 심어 공장 주변 환경을 아름답게 만들었다.

그리고 후발업체로서 끊임없는 기술개발을 통한 최고의 품질과 최고 마케팅, 그리고 내실 경영으로 코리아나를 발전시켰다. 시설에 지원을 아끼지 않고 최신 설비를 갖춘 화장품 연구소를 설치하여 제품의 완벽을 기하였다. 제품 개발과 동시에 판매 사원들에게는 '미의 설계사'라는 자부심을 가지고 일할 수 있게 노력했다. 이런 과정 속에서 코리아나는 창립 10여년 만에 한국의 최고 수준의 화장품 메이커로 우뚝 설 수 있게 되었던 것이다.

그러나 다시 큰 위기가 닥쳐왔다. 한반도를 강타한 IMF 외환 위기가 코리아나라고 그냥 지나가지는 않았다. 설립 초기부터 코리아나의 대주주이면서 동업관계를 유지해 오던 웅진 그룹의 윤석금 회장이 IMF 한파를 견디

지 못하고 몇 개 업체를 정리하면서 코리아나도 매각하
자고 제안했던 것이다.

　매각 제안을 수용할 수밖에 없는 상황이었다. 외국 회
사를 상대로 기업을 내 놓고 코리아나의 매각 계약서가
작성되는 데는 많은 시간이 걸리지 않았다. 그만큼 외부
에서 보기에도 가치가 있는 기업이었던 것이다.

　하지만 계약 체결을 눈앞에 두고 유 회장은 사인을 거
부했다. 자신의 경영권도 보장해 주지 않는데다가 이렇게
허무하게 외국에 넘기기 싫다는 것이 이유였다. 결국 외
국 회사로의 매각은 취소되었다고 국내에서 투자자를 찾
게 되어 유상옥 회장의 경영권을 보장하면서도 외국 회
사와 같은 가격을 주겠다는 투자자를 만나게 되었다. 단,
조건 하나가 달려 있었다. 코리아나를 코스닥에 등록시키
라는 것이었다.

　일단 코리아나 최대의 위기는 극복된 셈이었다. 그리고
주주들과의 약속도 지켜 코스닥 시장에 상장된 코리아나

는 수익성 있는 기업으로 2001년 현재 총매출이 자회사 레미트 화장품과 아트피아 화장품을 포함하여 4,600억원에 달하는 우량기업으로 발전했다. 여기에 유상옥 회장의 노력이 무한히 녹아 있음은 굳이 말할 것도 없다.

그 결과 그는 화장품 공업협회 회장직을 맡아 우리나라 화장품 발전에 기여하는 유능한 경영인으로 인정도 받았으며 지난 98년에는 창업 10년 만에 국민훈장모란장을 받기까지 했다.

전문경영인 시절의 경영수완, 지식, 인맥, 그리고 제 2의 인생에 대한 열정을 총동원하여 오늘날 자기의 기업을 우뚝 세운 것이다.

IMF 이후 대기업에서 중역으로 재직하던 많은 사람들이 은퇴 이후 자신의 일이 없어 손 놓고 아쉬워만 하는 경우를 많이 볼 수 있다. 이럴 때 유상옥 회장의 창업 일화는 감동과 새로운 용기를 주는 자극제가 될 것이다.

■ 50대에 경영연수원(METIZO)을
설립하여 대성한 컨설턴트

자기기업화(Enterprise of Self)의 저자 -보브 오브리 (Bob Aubrey)

그는 51세가 되었을 때 자신의 기업 (Enterprise of self)을 이룩하겠다는 결심을 하고 회사를 설립하였다.

  보브 오브리9)는 미국에서 태어나 프랑스 파리로 이민
와서 유럽과 아시아 등지에서 활약하고 있는
세계적인경영학자이며 컨설턴트이다.

  그는 12살 어린 나이에 아버지를 잃고 일찍부터 스스
로의 힘으로 개척하며 살아야 했다. 가난한 와중에도 학
업을 포기하지 않고 독일의 외국어 학교에서 지금의 아
내를 만나 돈 한 푼 없이 변변한 직업 하나 없이 프랑스
로 건너와 결혼하게 되었다.

  이 때 주머니에는 겨우 200달러밖에 없었고, 오히려
캘리포니아 대학 재학 당시 학비로 빌린 대여 장학금
8,000달러가 부채로 남아 있는 처지였다. 하지만 파리
대학에서 철학 공부를 계속하고 싶었기 때문에, 밤에도
휴일에도 쉴 틈 없이 돈을 벌어야만 했다.

  파리 대학에서 철학 공부를 하고 있을 당시 그는 '호구

---

9)보브 오브리 : 캘리포니아 대학, 파리대학교 박사, 미국에서 태어나 프랑스
    에서 거주하면서 유럽과 아시아 등지에서 활약하고 있는 세계적인 컨설턴
    트
  저서 : 『단한번의 인생 이렇게 산다』, 경연사, 2002

지책을 택해 평범한 가장으로 생활하며 지낼 것인가?' 아니면 '험난한 길이지만 학문을 계속해야 할 것인가?' 하는 선택의 기로에서 소외감과 고독감으로 괴로웠지만 좁은 문을 택해 면학에 정진했다.

학업을 마치고 그는 특유의 개척정신과 모험심을 발휘하여 그 당시 잘 알려지지 않았던 전문적인 경영컨설턴트로 사회에 진출하였다.

그는 세계적인 컨설턴트가 되었지만 이 직업으로서는 앞으로 30년, 노후에 달할 때까지 일하는 데에는 한계가 있다고 느꼈다. 그리고 51세가 되었을 때 자신의 기업(Enterprise of self)을 이룩하겠다는 결심을 하고 회사를 설립하였다.

메티조(Metizo)라는 이 교육기관은 본사를 런던에 두고 중동 바레인과 중국 북경에 교육기관을 설치하여 연수대상은 17~25세까지의 청소년으로 장래 경영인이 되고자하는 학생이나, 혹은 자기 개발을 통해서 미래에 창

의적인 활동을 하고자하는 의욕적인 노장년층을 대상으
로 하고 있다. 이 기관은 오늘날 학교기관에서 다하지 못
하고 가정교육에서도 부족한 전인교육의 함양을 위해서
실시하고 있는 가장 이상적인 청소년 수련도장이다. 교육
내용을 보면 다음과 같다.

메티조는 대학생 및 성인을 대상으로 거주하면서 공부
하는 교육프로그램을 제공한다. 메티조는 기숙사와 교육
프로그램을 통합한 최초의 기업이다.

메티조의 교육과정의 핵심은 대학생을 대상으로 하는
3년제 교육과정인 오디세이(Odyssey)이다. 학생들은 정
규적인 학업과 병행하여 이 과정을 이수한다. 오디세이는
전인적 교육이라는 개념 하에 개인적 발전, 국제적 연구
의 준비, 학업에서 직장에의 성공적인 이행을 위한 고용
가능한 기술의 취득 등 다양한 배움의 창을 제공한다.

메티조는 다른 연령계층을 대상으로 하는 발전과정도
있다. 예컨대 퀘스트(Quest)는 대학시험 준비생을 위한

것이고, 리더(Leader)는 청장년층, 마스터(Master)는 중년층, 멘터(Mentor)는 46세~75세의 연령층을 위한 것이다.

또한 그는 이와 관련된 저술활동을 펴서 『지식의 탐구』라는 저술을 통해 프랑스에서 경제저술 대상을 받은 바 있다. 그는 오늘 날과 같이 세계적으로 대기업의 구조조정으로 인한 퇴출자가 대량으로 발생하고 50대 중년에 실업자가 되는 시대에 과거와 같이 기업이나 조직에 일생을 맡기는 시대는 지나고 자기 자신의 기업을 이루어야 한다고 주장하고 있다.

보브 오브리에 의하면 급변하고 있는 현대 사회에서 개인의 책임은 다음의 중국 격언을 잘 생각해 보면 쉽게 이해가 갈 것이라고 한다.

"사람에게 생선을 주면 하루를 살게 해 주고 생선을 잡는 법을 가르쳐주면 평생을 살게 해 준다."

　　20세기에 발원한 사회보장제도는 사람들에게 단지 생선만을 주었지만 오늘날의 사회정책은 열린 노동시장이라는 시내, 강, 바다에서 자신이 고기를 낚을 수 있는 방법을 배우는 데 초점이 맞추어져야 한다는 것이다.

　　미국에서는 항상 자기 기업에 가치를 두어 왔지만, 공장 노동자들, 서비스 종업원들, 화이트칼라 노동자들, 그리고 경영인 까지도 자신의 능력으로 스스로 고용창출을 이루겠다는 준비가 되어 있지 않았다.

　　그러나 1980년대 이후 구조조정의 열풍 속에서 우리 세대의 사람들은 기업도 정부도, 실업을 책임져 줄 수 없다는 사실을 어렵게 받아들여야만 했다.

　　이렇게 해서 최근에 '자기 기업'이라는 말은 자영업, 자택에서 일하는 사람, 소호(SOHO)로 일하는 사람, 프리랜서, 그리고 프로로서 활동하는 사람을 통칭하는 말로 고용의 새로운 조류로 자리 잡게 되었다고 설명하고 있다.

　50대 이후 제2의 인생을 시작하려는 이들에게 보브 오브리가 제시하는 '자기 기업'의 경영은 새 회사를 만들어 경제적인 성공을 이루는 것 이상의 활동적인 생활과 의미 있는 제2의 인생을 시작하게 하는 좋은 도전이 될 것이다.

벤처인증을 따낸 60대
– 김문경(金文卿)

물론 그의 늦은 창업이 쉬운 일만은 아니다. 50대라는 나이와 창업자금, 또한 실패에 대한 부담감, 그리고 주변의 회의적인 시각들은 그에게 여러 면에서 부담을 지웠다. 하지만 그는 현재 자신에게 주어진 안정된 삶보다 스스로 도전과 개척으로 새로운 삶을 이루고자 창업을 선택한 것이다.

김문경(金文卿)10)은 50대 벤처기업을 창업하여 20대도 도전하기 힘든 벤처사업에 뛰어들어 7년 만에 벤처인증을 따낸 정력적인 기업인이다.

하지만 그가 1994년 처음 회사를 설립하였을 때는 50대로서 20-30대가 주류를 이루던 벤처업계에서는 연령적으로 고령에 해당되는 나이였다. 최첨단의 감각과 기술을 요하는 그 분야에 뛰어든 그에게는 핸디캡이 더 많았던 것이다. 그러나 그가 창업한 '그린벨 시스템즈'는 최근 벤처기업 지정을 받고 계속 주위를 놀라게 하고 있다.

그는 젊은 시절 어려운 가정형편 때문에 대학 재학시절 일과 학업을 병행하면서 10년 만에 졸업했다. 어려운 상황에서도 인내심을 가지고 학업에 임했던 경험이 50세가 지나서 창업을 결심하는데 영향을 끼치지 않았을까 생각된다.

---

10) 김문경(金文卿 1942-) : 황해도 출신이나 제2의 고향은 경북, 경기고등학교, 서울대 전기공학과, 현대전자산업 정보시스템사업본부 본부장(상무이사) 역임. 1994년 그린벨시스템즈 창업. 대통령 표창 수상(행정 전산망 극전산기 개발 사업부문)
그린벨시스템즈 홈페이지 : http://www.greenbell.co.kr/

　그는 창업 전에 대한전선과 현대전자에서 근무하면서 컴퓨터 사업본부 본부장(상무이사)의 자리에 까지 있던 사람이다. 그런 그가 53세라는 늦은 나이에 창업의 길로 뛰어든 것이다.

　물론 그의 늦은 창업이 쉬운 일만은 아니었다. 50대라는 나이와 창업자금, 또한 실패에 대한 부담감, 그리고 주변의 회의적인 시각들은 그에게 여러 면에서 부담을 주었다. 하지만 그는 현재 자신에게 주어진 안정된 삶보다 스스로 도전과 개척으로 사회에서 무언과 공헌을 하는 새로운 삶을 이루고자 창업을 선택하였다.

　그는 결국 1994년 개척정신과 창립 멤버들의 퇴직금을 모은 돈으로 회사를 설립하였다. 자본금 5,000만원으로 '그린벨 시스템즈'는 시작된 것이다. 그리고 창업 이후 열정과 탁월한 판단력으로 벤처업계 중에서 안정적인 기업으로 성장해 나가고 있다.

　그는 사업을 시작할 때 썬과 EMC의 서버 스토리지 판매로 사업의 첫발을 내딛었다. 그 후 포스트 PC시대를 전망하고 컴퓨터 업계에서의 경험을 바탕으로 웹패드 개발에 박차를 가하게 된다. 초창기에는 타사 제품을 판매하였으나 자사제품을 직접 개발하여 판매하는 제조업체로 발전하여 블루패드라는 성공작을 내놓게 된 것이다.

블루패드는 사이버 아파트용 무선인터넷 단말기로 집안의 거실과 주방에 활용할 수 있는 10.4인치 규모의 액정모니터이다.

이러한 개발제품을 계속 출시하여 전자 기술문서 맨티스, 워드나 한글 파일을 인터넷 XML포멧으로 하는 소프트웨어, 선박의 매뉴얼까지 범위를 확대했다. 또한 2001 대한민국 소프트웨어 공모전에 입상하기도 했다.

그의 회사는 지금 연간 500억 원의 매출목표를 책정하고 직원 60여명이 불철주야 노력하고 있다. 그가 이렇게 성공할 수 있었던 이유는 실패한 분야는 과감히 정리하고 새로운 투자분야를 개척하고 추진한 점 때문이다.

하지만 그에게도 어려움이 없었던 것은 아니다. 1997
년 그는 IMF 외환위기의 영향으로 15억 환차손을 입게
된다. '그린벨 시스템즈'는 당시 자본금 1억 5천만 원의
회사로 자본금의 무려 10배를 환차손 입은 것이다. 어려
운 시기에 더욱 침착해야 한다는 집념 하에 내실 경영에
더욱 매진한 결과 다음 해에는 모든 환차손을 갚고
1999년부터 매해 30% 이상의 고성장을 기록하는 기업
으로 발전하게 된다.

평소 회사의 이익은 곧 사원들의 몫이라는 철학을 갖
고 있던 그는 2000년 말 어려웠던 IMF고비를 함께 넘긴
사원들에게 전액 무상으로 우리 사주를 나누어 주고 그
에 따른 세금 처리까지 일괄적으로 처리해 줌으로써 당
시 총 13억 원을 직원들에게 환원했다. 그는 그 때가 창
립이후 그 어느 때 보다 뿌듯했던 때였다고 회고한다.

그에게는 경영자로서 함께 하는 경영의 실천이었고, 사
원들에게는 자신의 회사라는 사명감을 심어주는 동시에
사기진작을 하기에 충분했던 것이다.

　그는 유한양행의 창시자였던 유일한박사를 가장 존경한다고 한다. 유일한박사는 일제하에 미국에서 박사학위를 받고 대학교수직을 제의 받았으나 이를 뿌리치고 숙주나물 장사부터 시작해서 험난한 시기에 유한양행이란 기업을 이루었다. 안일한 삶을 포기하고 사명감과 비전을 가지고 시작한 모험 같은 인생이었던 것이다.

　이와 같은 모험정신을 본받아서 김문경 사장이 젊은이들이 주도하는 테헤란 밸리의 벤처사업에 50대 중반에 뛰어들어 성공을 거둔 것은 단순한 사업 성공의 의미를 넘어선다. 그는 50대 이후의 새로운 인생이 가질 수 있는 가치를 실현한 기업인으로 많은 50대에게 시사하는 바가 클 것이다.

■ 70세에 변호사 시험에 합격하여
로펌을 창업한 변호사

70세에 변호사가 되다
-로젠버그(Rosenberg)

로젠버그는 그에게 주어진 제2의
인생을 선택이 아닌 필수로 여기고
나름의 꿈을 가지고 설계하고 도전
했고 결국은 성공한 것이다.

1990년경 미국 캘리포니아주의 변호사시험에 70대의 합격자가 탄생해 주위의 관심을 끈 적이 있다. 바로 로젠버그이다.

그는 청소년 시절부터 변호사가 되기를 꿈꾸었다. 하지만 가정 사정이 여의치 못해서 결국 로스쿨(Law School)에 진학하지 못하고 가족들의 생계를 위해 부동산 중개인으로 일해 왔었다.

그러다가 그의 손녀가 로스쿨을 졸업할 나이가 되어서야 그 동안 하던 부동산 사업을 정리하고 평생의 꿈으로 간직해 왔던 법학을 전공할 여유가 생기게 되었다. 그는 주저하지 않고 로스쿨에 입학해서 공부를 시작했다. 그때 그의 나이는 60세를 넘어서고 있었다.

미국의 로스쿨이란 우리나라 법과 대학과 달리 일반 대학을 졸업하고 대학원 과정에 진학하는 것이다. 그리고 로스쿨 학생은 공부벌레라는 말을 들을 정도로 열심히 공부를 하지 않으면 졸업하기도 힘들고 그리고 졸업 후 변호사 시험에 합격하는 일도 쉽지 않다.

다행히도 로젠버그는 손자 손녀 또래의 젊은이들과 함께 로스쿨을 무사히 마쳤고 변호사 시험까지 응시하게 되었다.

로젠버그는 여러 차례 변호사 시험에 낙방을 하였으나 포기하지 않고 계속 응시하여 나이 70세가 되었을 때 합격증을 손에 쥐었다. 그리고 미국 신문에 최고령자 합격이라는 제목의 기사로 소개되어 화제를 모았다.

로젠버그는 역대 최고령자로서 변호사시험에 합격하여 젊은이 못지않은 노익장(老益壯)을 과시한 셈이다. 그리고 평생의 소원이던 변호사가 되어 먼저 변호사가 되어 있던 손녀와 함께 로젠버그 & 로젠버그라는 합동 법률 사무소 로펌을 개설하여 일을 시작했다.

변호사라는 직업은 어떻게 보면 평생직장 이라고 볼 수 도 있는 전문 자영업이다. 자신이 하고 싶은 만큼, 나이에 상관없이 계속할 수 있는 정년 없는 직업이다.

하지만 젊은이도 해내기 힘든 어려운 과정을 평생의 집념으로 통과하고, 젊을 때 변호사가 되어 살아왔던 사람이라도 이제 은퇴하여 어떻게 편안한 여생을 보낼까 하는 고민을 할 나이에 로젠버그는 거꾸로 진정한 인생을 시작하고 있다.

사실 로젠버그는 70세가 되어 경제적인 문제도 해결되었고 가족들의 생계에 대한 책임에서도 벗어나게 되어 충분히 자신의 노후를 편안히 보낼 수 있었다. 그럼에도 불구하고 그가 굳이 힘든 변호사 시험을 치러 새로운 직업을 택한 것은 단지 그것이 젊은 날에 이루지 못했던 꿈 때문만은 아닐 것이다.

로젠버그는 그에게 주어진 제 2의 인생을 선택이 아닌 필수로 여기고 나름의 꿈을 가지고 설계하고 도전했고 결국은 성공한 것이다.

라이프 사이클은 변화되었고 평균 수명이 연장되었다. 50대 이 후 남겨진 수십 년간의 제2의 인생을 무엇을 하며 보낼 것인가? 그것은 지나온 인생을 어떻게 살았느냐 하는 것보다 어쩌면 더 중요한 것인지도 모른다.

나 자신의 인생에 즐거운

무엇인가를 하고 싶다

- 캐메론

80대의 현역으로 상공에서 목숨을

걸고 자기 작품을 구사해 나가는

캐메론을 상상해 봤을 때, 거기에

비하면 IMF 이후 방황하고 있는

수많은 50대 명퇴자는 정말 아직

도 전도가 창창한 것이다.

　　로버트 캐메론11)은 50대 후반에 자기 인생을 개척한 사람이다. 그는 화장품 회사의 중역으로 10년 동안 매일 뉴욕 그랜드 샌트럴 역에서 롱 아일랜드 사운드에 있는 자기 집까지 전차를 타고 퇴근하는 길에 전차 마지막 칸에서 친구와 트럼프를 친곤 했다.

　　그런데 그는 10년 동안 그 전차 안에서 차장이 심장마비로 죽은 사람을 운반하는 것을 11번이나 목격했다. 그리고 어느 날 전차에 늦지 않으려고 달려와서 자리에 앉자마자 심장마비로 목숨을 잃은 사람을 목격하고 나서 자신도 언젠가는 저렇게 죽을 수 도 있다는 생각이 들었다. 그 일이 새로운 결심을 굳히게 되는 계기가 되었다.

　　그는 퇴근길에 이러한 참변을 수차례 목격하고 자기는 이번 샌프란시스코 출장을 마지막으로 이 직장을 떠나 단 한번밖에 없는 인생을 내가 좋아하는 일을 하겠다고 결심하고 부인에게 이런 심정을 털어놓았다. 그리고 그는 세상을 살아가면서 자신이 가장 좋아하는 일을 찾아

---

11) 참고 : 보브 오블리, 『단 한번의 인생 이렇게 산다』 ,경연사, 73p

하면서 생을 마쳐야겠다고 생각하여 다니던 화장품 회사에 사표를 제출했다.

그는 평소 꿈이었던 항공사진을 촬영하면서 작품 활동을 시작했다. 그는 화장품 회사에 들어가기 전 청년시절에 프랑스를 여행하여 사진예술에 대한 견문을 넓히면서 사진촬영에 대한 꿈을 지녔었다. 그의 나이 58세에 회사를 그만 두고 본격적인 작품 활동을 통하여 촬영한 사진작품을 출판하면서 그의 꿈을 이루게 되었다.

그는 출판사의 관리비를 절감하고 책값을 저렴하게 공급하게 하기 위하여 정식 직원을 3명만 채용하였다. 그리고 작품은 자신이 직접 편집하여 찍은 사진집 시리즈를 출간하게 되었으며 그 책은 대단히 성공을 거두게 되었다.

1976년에 「로스앤젤레스 상공에서」라는 책을 출판하였는데 그 책은 16만부가 팔렸고 그 이후 하와이 · 런던 · 워싱턴 · 뉴욕 · 시카고 등의 속편을 내었다.

50대에 시작하여 25년이 경과한 지금 그는 이미 83세
라는 고령의 나이지만 아직도 현역으로 작품 활동을 하
여 촬영·편집·출판을 직접 관장하고 있다.

그는 자신의 책이 성공한 비결을 이렇게 말한다. "만약
다른 사람들이 책을 만들었다면 한권에 50달러 정도 했
겠지만 내 책은 비교적 저렴한 가격으로 공급하고 있다.
왜냐하면 관리비용이 절약되기 때문이다. 나의 사업철학
은 항상 사람들이 원하는 것을 만들어 적정한 가격에 제
공하는 것이다."

출판사의 직원은 3명뿐이고 판매 조직도 없으며 대단
한 광고를 한 것도 아니지만 캐메론의 「상공에서」 라는
시리즈 책자는 500만부 이상 팔렸다.

큰 키에 백발을 휘날리는 노인임에도 불구하고 캐메론
은 밝은 회색의 양복을 차려 입고 도시의 상공에서 낮게
나는 헬리콥터에 가죽벨트 하나로 매달려 몸을 내맡기기
도 했다. 완벽에 가까운 사진을 찍기 위해서는 이런 모험

도 불사한 것이다.

그는 사진 작품의 독특한 방법으로 자기류의 장르를 개척하는 작가로서 평판이 높다. 표준 35mm 카메라의 4배가 되는 크기의 펜탁스(Pentax) 6×7cm 카메라에 10폰트 자이로스태빌라이저(Gyrostablizer)를 붙여 특별렌즈의 기술을 구사하고 있다.

80대의 현역으로 상공에서 목숨을 걸고 작품을 창작해 나가는 캐메론을 상상해 보자. 거기에 비하면 방황하고 있는 수많은 50대들은 아직도 앞길이 멀지 않은가?

와인 아카데미 설립한

전직 철도청장

- 최훈(崔燻)

그는 60대 노인들에 대한 우리나라 사회에 팽배되어 있는 경향을 바둑이나 여행, 골프 같은 비생산적인 일을 하면서 안일하게 생활하며 여생을 보내는 것이라고 한마디로 평가하면 이런 노련의 삶에 대해 비판적이다.

최훈(崔燻)원장[12]은 현재 67세의 나이에 젊은이 못지 않은 정력으로 와인 문화 사업에 정진하고 있다. 그는 오랫동안 철도청에서 국가 공무원으로 봉직해 왔었고 해외 관광 유치 증진을 위해 해외 연수를 받는 과정에서 프랑스의 와인에 관한 교육도 받은 바 있다. 또한 경기 대학에서 박사 학위까지 취득한 숨은 학구파이다.

최 원장은 철도청장직을 마지막으로 직장생활을 마감하고 경기대학, 명지대학 등 몇 개 대학의 초빙 교수로 다년간 교직생활을 역임하다가 65세였던 2년 전 와인 문화 사업에 투신하여 오늘과 같은 창업을 이루었다.

그가 와인 사업에 투신한 동기는 우리나라에 전수된 외국의 술 문화가 위스키를 위시하여 건강에 이롭지 못한 술들 위주로 되어 있다는 점에 대한 인식에서 시작했다. 그는 좀 더 부드럽고 건강에 좋은 와인을 국내에 소

---

12) 최훈(崔燻 1936~) : 경북대학교 사범대, 연세대 경영대학원, 경기대학 경영학박사, 철도청장 역임, 명지대객원교수, 현 자원평가연구원 원장, 보르도와인 아카데미창업, 1995년 황조근정 훈장수훈
저서: 『호텔경영학』, 『포도주 그 모든 것』
홈페이지: www.leseoul.com

개함으로서 건전한 술 문화를 정착시키는데 기여하고 싶
다는 욕심이 있었다.

그리고 또 다른 이유는 본인 스스로 와인을 즐기는 기
호가 있었다는 것이다. 이렇게 그는 보르도 와인 아카데
미를 설립하게 되었다.

최 원장이 대학에서 관광학을 강의할 때, 호텔경영학이
나 철도산업에 대한 강의뿐만 아니라 프랑스의 포도주
문화를 자주 소개했다. 그 축적된 경험을 바탕으로 97년
에는 『포도주, 그 모든 것』이라는 책을 저술한 바 있
다.

그는 기회가 있을 때마다 해외의 와인산지를 여행하면
서 와인과 관련된 외국의 문물을 섭취해 『Le Seoul』이
라는 와인잡지도 창간했다. 대중적이지 못한 이 잡지로
인해서 적지 않은 적자도 봤지만 작은 손해에 굴하지 않
고 이 사업에 전력을 다하여 금년부터는 흑자로 접어들
었다.

　그는 60대 노인들에 대한 우리나라 사회에 팽배되어 있는 경향을 바둑이나 여행, 골프 같은 비생산적인 일을 하면서 안일하게 생활하며 여생을 보내는 것이라고 한마디로 평가하며 이런 노년의 삶에 대해 비판적이다.

　60대의 많은 사람들이 뚜렷하게 하는 일 없이 여생을 보내고 있을 때, 최 원장은 건전한 술 풍토를 이룩하고자 와인 문화 사업에 투신하여 평소 즐기던 일에 시간을 보내며 또 이 분야에 관련된 저술활동을 하고 국내외 인사와 교류하면서 자신의 인생에서 가장 즐거운 시간을 보내고 있다.

　나이에 상관없이 자신이 좋아하는 일을 개발하고 또 그와 관련된 일에 뛰어드는 용기와 제2의 인생을 바라보는 그의 가치관은 안일하게 여생을 보내는 것을 추구하는 것보다 더 멋있는 삶을 영위하고 있다.

상호신용금고 사장에서 택시기사가 되다.
- 김기선(金基善)

무엇이든지 자신이 할 수 있는 활동을 계속함으로서 자신의 생활뿐만 아니라 주위 사람에게 봉사할 수 있는데 명퇴자라고 하여 왜 그렇게 살 수 없느냐고 생각하는 것이다.

영풍상호신용금고 경영자로 오랜 기간 근무하다가 58세에 퇴직한 후 택시기사로 전업하여 자기 자신의 일을 만든 김기선(金基善)13)씨는 상당히 멋진 인생 2기를 보내고 있다. 그는 약 40년간 금융기관에서 일을 해 왔고 마지막에는 영풍상호신용금고에서 사장자리까지 올랐다가 임기를 2년 남겨둔 채 자진 사퇴했다.

그리고는 은퇴 후에 택시기사로 나섰다. 임기가 2년이 남았는데 퇴직한 이유는 3년 후 환갑잔치에 개인택시 운전사의 복장인 노란 유니폼을 입고 참석하는 것이 전부터 희망이었다고 대답한다. 개인택시를 살 자격은 법인택시를 3년간 무사고로 운전해야 주어지기 때문에 3년 후 환갑 때 개인택시 운전사 유니폼을 입으려면 58세인 지금 퇴직하는 것이 가장 적당하다는 것이다.

마침 그의 자녀들은 모두 독립할 수 있을 정도로 성장하여 가정에 대한 책임도 어느 정도 끝났다는데, 특히 큰아들은 항공 파일럿으로 근무하고 있다면서 '아들은 하늘

---

13) 김기선(金基善 1944-) : 충남 온양출신, 명지대학교 사회학과 졸업, 전 영풍상호신용금고 사장

에서 아버지는 육지에서' 핸들을 잡는다고 농담을 하는 여유를 보이고 있다. 한데 왜 하필 택시 기사인가?

그의 말에 의하면 우리나라에 80세를 넘겨서도 영업을 하고 있는 택시기사가 전국에 150명쯤 된다고 한다. 그런 것을 생각하면 자신은 이미 50대 후반기로 이제 곧 고령에 접어드는 나이지만 동네 노인정에서 시간을 보내고 싶지는 않다는 것이다.

충분히 일할 수 있는 나이에 모여 앉아서 화투나 치고 또 며느리들 흉이나 보면서 무료하게 시간을 보내는 그런 공간이 왜 필요하겠느냐 라고 말하고 있다. 그렇게 사는 것은 한가롭고 편안한 노년을 지내는 것이 아니라 오히려 삶을 더욱 쓸쓸하게 만든다고 그는 생각한다.

가까운 일본에서는 이런 연령에 구두닦이나 여관 벨보이 등 무엇이든지 자신이 할 수 있는 활동을 계속함으로서 자신의 생계뿐 아니라 주위 사람에게 봉사도 할 수 있는데 한국의 퇴직자라고 해서 왜 자신은 그렇게 살 수 없느냐고 생각하는 것이다.

그래서 그는 오래전부터 자신의 노년 준비를 해왔다. 아마도 그는 은퇴하면서 받은 퇴직금과 이 계획을 위해 그 동안 자신이 준비해 온 자금으로 충분히 개인택시 영업을 할 수 있을 것이다.

직업의 귀천을 따지지 않은 파격적인 사고전환으로 생각을 행동에 옮긴 그의 용기는 또한 높이 평가되어야한다.

저자가 직접 그와 통화를 시도했을 때 마침 그는 택시 운행을 하고 있는 중이었다. 하지만 핸드폰에서 들려오는 음성은 30대에 비견할 정도로 정력적이고 명랑해 전혀 피곤한 기색이 보이지 않았다.

김기선씨는 금융기관의 사장으로서 안정된 직장에 오랫동안 경영인으로 봉직해 왔고 또한 은퇴했다 하더라도 그의 전문지식과 경력을 살리면 얼마든지 다른 금융기관에 직장을 가질 수도 있었다.

하지만 본인은 스스로의 일을 하고 싶고 그 일을 함으로써 일할 수 있는 기간까지 자기 일로서 계속할 수 있는 일을 택하고 싶었던 것이다. 많은 사람들이 50대 후반에 그러한 생각을 가질 수는 있겠지만 행동으로 옮긴다는 것은 또 다른 차원의 능력을 발휘하는 것이 아닐 수 없다.

저자는 전화를 끊으면서 그는 단순한 택시 기사가 아닌 자기의 생각을 실천하는 결단력과 용기를 가진 분으로 존경심이 마음속에서 솟아나는 것을 느낄 수 있었다.

은행지점장이 외식업에 뛰어든

황기구이원 대표

- 최종철(崔鐘喆)

50대에 창업을 했지만 젊은 2,30대가 가지지 못한 경륜을 바탕으로 자기 취향 또는 관심분야에 철두철미하게 분석한 후에 독창적인 경영을 한 것이다. 그는 50대이지만 20대가 가지지 못한 자기 장점을 충분히 발휘하여 창업할 수 있었다.

  54세에 외식업에 첫발을 내어 디딘 최종철14) 전 국
국민은행 북악 지점장은 IMF 외환위기 파동으로 인해
1999년에 32년간 몸담았던 국민은행 지점장 자리에서
물러나게 되었다. 그는 전남 순천 출신으로 광주 상고를
나와 금융계에 입문한 이후 성실하게 업무 수행을 하여
지점장까지 오른 금융인이었다.

  그와 비슷한 상황에 처했던 수많은 금융인들이 방황하
고 있을 때 그는 평소 관심을 갖고 있던 건강식품 사업
에 도전해 보기로 결심하고 퇴직금으로 마포 숯불 갈비
집을 인수, 그간 은행에서 쌓아온 고객관리와 조직 관리
의 경험을 토대로 운영해 나갔다.

  그리고 향후 우리의 외식업의 추세가 건강 위주로 발
전할 것이라는 예측 하에 황기구이 전문점을 시작하여
황기구이의 원조가 되겠다는 착안을 해 냈다.

  황기는 사람의 기(氣)를 보완하는 약초의 일종으로서

---

14) 최종철(崔鐘喆 1946-) : 전남 순천출신, 광주상고, 전 국민은행 북악지
   점장, 현재 황기구이원 대표

돼지고기나 소고기에 황기를 넣어서 요리하는 한방 음식
이다. 하지만 이때까지는 아직 황기구이를 아는 사람은
거의 없었고 전문으로 하는 음식점도 많이 알려져 있지
않았다. 하지만 이제는 사람들에게 그의 황기구이원(노원
구 중계동)은 유명한 곳이 되었다. 그는 누구보다도 먼저
이 사업을 시작했다는 자부심과 성공을 동시에 잡을 수
있게 된 것이다.

그의 경우 분명히 50대에 창업을 했지만 젊은 2,30대
가 가지지 못한 경륜을 바탕으로 자기 취향 또는 관심의
분야에서 철두철미하게 경험을 살려 독창적인 경영을 한
것이다. 그는 50대이지만 20대가 가지지 못한 자기 장점
을 충분히 발휘하여 창업할 수 있었다고 한다.

저자가 최종철 사장과 통화를 했을 때, 그는 이 사업을
착수한 데 대해서 보람을 느끼고 있다고 힘 있는 목소리
로 말했다. 자영업이든 중소기업이든 사업을 운영한다는
것은 쉬운 일이 아니고 더더욱 장사꾼 출신이 아닌 화려
한 뱅커 출신으로서는 요식업에 뛰어 들어서 단숨에 성

공을 이룬다는 것은 쉬운 일이 아니다. 요식업을 지속시키고 사업을 확장하는 일이 말처럼 쉽지만은 않을 것이다. 그러나 그가 이미 지난 삼년간 이 사업을 해 왔듯이 앞으로도 이 일에 꾸준히 매진한다면 그는 지속적인 성공을 이루면서 인생의 2기를 보낼 수 있을 것으로 기대된다.

은행지점장에서
신개념 이발소
블루클럽 사장이 되다
– 김문용(金文容)

몇 개 제조업체에서 중역으로 오라는 제의를 받기는 했지만 전혀 경험이 없는 분야에 뛰어들 자신이 없으니 차라리 몸으로 열심히 뛰는 사업이 낫겠다는 생각이었다고 한다.

오래 전부터 자신의 은퇴생활을 준비해 왔던 김기선 씨와는 달리 대구은행 구미 형곡동 지점장을 지낸 김문용15) 씨는 IMF 외환 외기로 인해 갑자기 실시된 구조조정의 여파로 명예퇴직한 대표적인 케이스다.

30년간 근무했던 은행을 나오게 된 그는 그야말로 눈앞이 캄캄했다고 한다. 처음 한동안은 전원카페를 차려볼 생각으로 장소를 알아보려 다녔다. 하지만 전원카페를 차리기 위한 초기 투자비용이 10억 원은 족히 든다는 것을 알고 미련 없이 포기했다. 그가 퇴사하면서 받은 퇴직금 2억 원으로는 턱도 없이 부족했기 때문이다.

그때 이미 몇 개 제조업체에서 중역으로 오라는 제의를 받기는 했지만 전혀 경험이 없는 분야에 뛰어들 자신이 없으니 차라리 몸으로 열심히 뛰는 사업이 낫겠다는 생각이 들었다고 한다.

그래서 '그는 가진 자본의 범위 내에서 무리하지 않고

---

15)김문용(金文容 1948-) : 경북외국어대학교 영문과, 전 대구은행 구미 형곡동 지점장, 현재 블루클럽 지점 운영중

할 수 있을 만한 자영업을 찾다가 6000만원을 투자하여 대학 앞에 이발소를 차렸다. 그는 실제로 이 분야의 문외한이었다. 하지만 자신의 자본과 서비스정신에 이용기술을 가진 전문 인력을 유치해서 고객 관리의 효율성을 활용한 것이다.

그 후 과거 은행에서 고객을 관리하듯이 손님에 대한 봉사에 신경을 쓰고 남달리 이발소의 청결에 유의하여 점포를 운영하였고 종업원이 기분 좋게 일할 수 있도록 배려하는 것도 잊지 않고 챙겼다.

그렇게 노력한 덕분에 그의 가게는 많은 고객을 흡수할 수 있었다. 그리하여 마침내 그 자신은 이발사로서의 일을 하나도 모르면서도 단지 경영만으로 일반 회사원 못지않은 수익까지 올릴 수 있게 되었다.

이제 그가 운영하는 블루클럽 지점은 고객에게 친절하고 세련된 이미지를 주는 신개념의 이발소로 자리 잡았다. 그가 만약 이제까지의 직업과 지위, 나이 등을 이유

로 새로운 일에 도전하지 않고 머물러 있었다면 결코 이

런 찬사와 인정은 받을 수 없었을 것이다.

IV. 창업과 경제

(1) 이태리의 가업(家業)

　이태리에서는 아버지와 어머니와 자녀들로 이루어진 한 가족이 가업으로 조그만 영세 기업을 만들어서 가죽 구두도 만들고 넥타이, 카푸치노 커피, 스파게티 소스, 액세서리, 패션 의류 등을 만들어 전세계에 수출하고 있다.

　나는 1993년 6월경에 이태리를 방문하여 스칼파로 대통령과 이야기를 나눈 적이 있다. 물론 이태리 대통령의 위상은 미국이나 우리나라와 같이 막강한 정치력을 가진 것은 아니다. 이태리에서 실질적인 권한을 쥐고 있는 것은 수상이며 대통령은 외교 등 대외적이고 상징적인 활동을 하고 있다.

　하지만 나는 스칼파로 대통령으로부터 귀담아 들은 이야기가 있다. 어느 곳을 막론하고 자본주의 사회는 정권이 교체되면 재계(財界)에도 영향이 오는 것이 다반사이다. 우리나라의 경우는 이승만, 박정희, 전두환, 노태우,

김대중, 노무현, 이명박 대통령까지 6번의 정권을 거쳐 오는 동안 많은 기업이 기사회생하기도 하고 반대로 수세에 몰리기도 하는 상황을 자주 보아왔다. 그만큼 재벌과 정치의 정경 유착은 정도의 차이는 있지만 불가분의 관계를 가지고 성장하여 왔다고 볼 수 있다.

그런데 스칼파로 대통령의 말에 의하면 이태리에는 재벌 기업이 거의 없다는 것이다. 이태리에서는 아버지와 어머니와 자녀들로 이루어진 한 가족이 가업으로 조그만 영세 기업을 운영하여 가죽제품, 구두, 넥타이, 카푸치노 커피, 스파게티 소스, 액세서리, 패션 의류 등을 만들어 전 세계에 수출하고 있다. 이태리의 대부분의 기업은 이처럼 작은 중소기업의 형태를 갖추고 있기 때문에 정권이 40번 이상 교체되어도 기업가에게는 아무런 영향이 없다는 것이다. 그리고 가족이 모두 참여하는 가업이므로 취업문제, 노사문제도 자연히 그 안에서 해결된다고 했다.

그렇기 때문에 이태리의 경제는 쉽게 흔들리지 않는다. 심지어 영국 같은 자본주의 본산이나 다름없는 나라도

1976년 캘러헌(Callaghan) 수상 때 와환위기를 맞아, 그 부자나라가 IMF 관리 체제에 들어간 적도 있었다.

하지만 이태리는 이런 식의 국가 부도를 한 번도 경험하지 않고 건전한 재정국가로 발전해 왔다. 그 이유는 이러한 수많은 중소기업과 같은 가업(家業)들이 국가 경제를 공고히 지탱하고 있기 때문이다.

우리나라도 이태리의 가업이나 미국의 밴텀(Bantam) 기업과 같은 영세 중소기업이 많이 창업됨으로 자신의 기업을 세워내고, 더 나아가 적은 수이지만 고용을 창출할 수 있는 계기를 삼을 수 있다.

우리가 미국, 일본과 같이 인구 대비 기업체 수가 5%에 이르려면 우리나라에는 앞으로도 200만개의 기업체가 더 출현해야 한다. 현재 기획재정부에서 발표한 전국의 총 사업체수는 794,095개(2003년도 경제백서)로서 우리나라 인구대비 기업체수는 1.6%이다. 비록 한 기업이나 작은 규모의 창업을 이루어 고용하는 인원은 얼마 되지 않는다 하더라도 십시일반, 티끌 모아 태산이라는 말처럼 국민경제의 뿌리를 만들 수 있는 것이다. 이것이 애국이고 자본주의의 주역인 것이다.

(2) IMF이후의 한국경제

우리나라와 같이 부존자원이 빈약하고, 산업의 역사가 일천한 경우는 우리의 자산은 인물과 산수밖에 없다.

오늘날 50대 창업에 관심을 모으는 이유는 무엇인가? 물론 과거에도 사회활동 과정에서 이런저런 경험을 쌓아 늦게 사업을 착수하여 성취한 대기만성의 기업인이 많았다.

그러나 오늘의 50대 중장년층의 문제점은 과거와 달리 다수가 한참 열정적으로 일할 나이에 본인의 의사와 상관없이 회사의 구조 조정에 의해 퇴출당하게 되여 막막한 현실에 부딪히고 있다는 현실이다. 그렇다면 이러한 퇴출바람은 왜 발생한 것인가?

1990년대부터 시작된 세계적인 경기침체는 IBM을 필두(筆頭)로 대기업에서 구조조정의 열풍이 불어 닥쳤으며, 각종 언론매체에서는 리엔지니어링(reengineering), 다운사이징(downsizing)등 갖가지 신용어가 연일 흘러나왔고 일자리를 잃고 떠나는 사람이 날이 갈수록 증가했다.

결국 이것이 지금 우리나라에 까지 엄청난 영향을미치고 있는 세계경제불황의 단초(端初)가 되었고 구조 조정의 거대한 여파는 이미 대서양을 건너 유럽의 여러 나라에 파급되었고, 네덜란드의 필립스사(Phillips), 독일의 지멘스(Siemens), 프랑스의 르노 자동차(Renault) 등 쟁쟁한 기업들까지 가리지 않고 삼켜버렸다. 결국 유럽의 실업자는 3,000만 명에 달하게 되었다.

이러한 파장은 지구를 대각선으로 반 바퀴 돌아 동남아 개발도상국에도 전염병처럼 번져왔다. 이 병은 특히 면역성이 약한 지역부터 공략하기 시작하였고, 재무구조가 취약한 나라들은 예외 없이 감염되어 IMF 처방을 받게 되었다.

제일 먼저 태국이 1995년 외환위기에 직면하여 국제 금융기관의 구제 금융을 받아 생존할 수밖에 없는 상황에 처하게 되었고, 이어서 1996년 인도네시아에 경제위기가 닥쳤다. 그리고 마침내 1997년 우리나라에 까지 상륙하여 한국경제는 미증유의 국가부도에 당면, 곧바로 IMF 체제로 돌입하게 되었다.

우리나라와 같이 부존자원이 빈약하고, 산업의 역사가 짧은 나라는 자본과 기술 또한 부족하여 대외 경쟁력이 취약하여 세계경제가 불황의 늪에 빠지게 되면 다른 어떤 국가보다도 빨리 영향을 입게 마련이다. 미국이 기침을 하면 우리가 감기에 걸린다는 말은 바로 이런 말을 풍자한 것이다.

90년대 말 동남아를 휩쓴 IMF 여파는 이들 지역에 대한 미국의 수출을 감소시켰다. 한국에서 보잉 비행기

(The Boeing Company)의 수주를 취소하는 사태가 벌어지고 심지어 도넛 제조기계 수출까지 감소되는 등의 상황, 또한 IMF로 인한 파급효과가 미국경기를 더욱 악화시켰음을 보여주는 예가 된다.

현재 미국의 주택보증회사의 신용위기로 전 세계의 금융경색을 맞고 있고, 우리나라의 경우 외채가 4,200억 달러 단기채 1년 미만이 2,100달러, 외화보유고는 2,500억 달러를 화회하여 해외 의존이 큰 한국경제는 IMF 이후 최대의 위기를 맞고 있다고 본다. 더욱이 청년 실업이 300만 명을 기록하는 내수부진 속에서 50+ 세대는 그만큼 고용불안이 극심한 상태에 있다.

현재 미국발 금융위기는 다시금 외환면역이 위약한 우리나라는 연일 주가 등락과 환율불안에 경제는 미래가 보이지 않는 불확성시대에 살고 잇다. 150년 전통의 리만 브라더스, 메릴린치등의 미국 거대증권사의 파산과 합병소식은 다시금 지난날의 IMF 악몽을 되새기게 하고 있다.

1992년 김영삼 정부가 출범하면서 신 경제 5개년 계획을 발표하였으나 이 계획은 그간의 만성적인 경상적자를 개선하고 이것을 흑자로 전환하여 흑자원년으로 삼고, 한국경제를 선진국과 같은 경제수준으로 도약시키리라는 환상은 현실 경제를 외면한 체 외환관리정책에 실패하여 결과적으로 국가를 부도위기를 경험하게 하였다.

이러한 환상으로 무리수를 두어가면서까지 OECD에는 가입하였지만 한국경제는 세계적으로 확산된 외환위기에 무릎을 꿇고 IMF 관리 하에 들어간 이후 일시 한국경제의 조기 IMF 관리 탈퇴를 하는 등 경제가 호전되는 기미가 보였으나 계속되는 경상수지 악화, 외환관리의 불안정과 내수부진의 악순환으로 한국경제는 다시 어려움에 처하게 되었다.

IMF 관리로 전락하면서 많은 기업과 은행의 연쇄 부도와 합병 등 구조 조정의 회오리바람이 휩쓸어 수많은 명퇴자를 양산을 경험하였고, 오늘의 고용불안은 좀처럼 회복되지 않고 있다. 이러한 경제·사회적인 변화로 기존의 가치관들은 점점 사라지고 종래의 가치관과 직업관이 새로운 양상으로 발전하게 되었다.

과거에는 일류대학, 재벌기업, 그리고 은행 등의 금융기관이 평생직장과 사회신분의 보장, 생활안정 등의 절대기준으로 인정받았지만 IMF를 거치면서 이와 같은 사회인식은 전환되고 있는 과정에 있다. 그리고 모든 사회구성원들이 이 과정 속에서 어느 길로 가야할지 정하지 못하여 불안하게 사회생활을 영위하고 있다.

(3) 50대는 한국경제의 주춧돌이다.

희생자로서, 명퇴자, 은퇴자라는 이름으로 살아가는 것이 아니라 우리 몫의 인생을 다시 시작하되 다시는 이러한 경제구조의 문제로 인한 희생자들이 없도록 우리나라 경제의 초석이 되어야 하는 것이다.

위에서 살펴보았듯이 이러한 IMF라는 초유의 경제난

국을 맞아 많은 수의 실업자들이 발생하였고 2만개 이상
의 기업이 도산하고 노숙자 문제, 가정파괴, 실업 문제
등으로 급기야 이로 인해 자살에 이르는 경우도 종종 보
도되고 있다. 한마디로 우리나라는 경제 파국을 맞게 되
었던 것이다.

  이러한 경제 파국은 왜 발생한 것인가? 기업인이나 기
업에 종사하는 경영인들이 능력이 모자라서 이러한 사태
가 유발된 것인가? 한 직장에서 수십 년간 젊음을 바쳐
일한 지금의 50대들의 무능력 때문인가?

  그러한 이유 때문이 아니라는 것은 누구보다 우리가
알고 있다. 그것은 앞에서 살펴본 바와 같이 세계 경제의
구조 조정이라는 태풍이 미국과 유럽 등지에서 시작하여
동남아를 휩쓰는 가운데 취약한 경제구조로서 해외차입
의 의존이 크고 국제경쟁력이 약한 우리나라에 상륙했기
때문이다.

  동남아의 경우 일본과 대만, 싱가폴 등은 재무구조가

건전한 수많은 중소기업과 대기업들이 탄탄한 기반 위에 있었기에 때문에 이런 세계경제의 불황에도 거뜬히 대응할 수 있었다. 반면 우리나라와 같이 기업이나 국가가 외채에 의존한 부실경제는 이러한 외환위기를 대처할 수 없었다.

국가경제가 건실한 나라는 대개 중소기업이 탄탄대로를 걷고 또한 수많은 창업자들이 긍지와 능력을 가지고 주위 사람들에게 부러움을 사면서 사업을 영위해 나가는 사회이다. 하지만 우리나라는 그렇지 못한 것이 사실이다.

이러한 때에 IMF와 구조조정의 여파 속에서 희생양이 된 우리 50세 이상의 세대들이 잘못된 우리 경제에 풀뿌리 경제를 세우는 일에 일익을 감당할 수 있다고 본다.

희생자로, 명퇴자, 은퇴자라는 이름으로 살아가는 것이 아니라 우리 몫의 인생을 다시 시작하되 다시는 이러한 경제구조의 문제로 인한 희생자들이 없도록 우리가 경제의 초석이 되어야 하는 것이다. 그런 맥락에서 50대의 창업은 의미가 있다.

그러나 우리나라는 창업이라고 하면 대기업이나 중견기업만을 생각하지 작은 영세성 자영업이나 중소기업을 생각하지 않게 되는데 이러한 점은 큰 잘못이다.

거창한 창업뿐 아니라 작은 인생의 성찰에서부터 작은 움직임들을 통해 우리 각자가 선 자리에서 우리 나름의 창업을 통해 건전한 경제사회를 만들어 갈 수 있다. 튼튼한 경제기반의 버팀목으로 6,70년대 개발 시대에 허리끈을 조이며 일했던 것처럼 다시 한 번 50대의 위력을 보여줄 때가 지금인 것이다.

(4) 21C는 창업시대

최근에 싱가포르 경제부흥을 만든 전(前) 수상인 리관류(李光有)는 이런 말을 하고 있다. 가장 우수한 인재가 사업을 해야 한다. 그렇게 함으로서 기업 발전이 이뤄지고 나라의 경제가 커 가는 것이라고 했다.

　IMF 외환위기 이후 금융기관, 대기업, 중소기업 할 것 없이 일자리에서 밀려난 실업자 수는 늘어만 간다. 해마다 늘어나는 27만 명 대학 졸업생들의 취업률이 30%도 안 되기 때문에 청년 실업자와 명퇴자의 수는 날로 증가하는 상태에 있다.

　이제는 과거처럼 하나의 회사나 단체에서 목숨을 걸고 평생 일할 수 있는 시대는 지났다. 변화된 사회에 걸맞은 새로운 옷을 입을 준비가 필요한 것이다.

　정부에서 고용하는 공무원과 공기업의 수는 기껏해야 전체 취업자의 5%를 넘지 않는다. 나머지 95%를 위해서는 개인 기업이 일자리를 창조해야 하는 것이다.

　통계를 보면 대개 취업 가능한 연령의 인구는 그 나라 인구의 약 40%~50%에 해당된다. 가령 미국의 경우 인구가 약 3억 명에 가까운데 그러면 1억 3천 내지 1억 5천명이 직장을 희망하는 취업인구이다.

　　그러면 이 수많은 일자리를 누가 보장할 것인가? 바로 개인 기업이 한다.

　　해마다 미국의 경우 신규 인력 2백만 명이 노동시장에 유입되는데, 이들의 2/3을 흡수하는 것이 소기업이다. MIT대학의 뭐취(David Mirch) 교수는 이것을 밴텀 기업이라고 말한다. 밴텀이라는 것은 헤비급, 라이트급 등과 같이 권투의 급수로서 밴텀급은 체격이 낮은 급수에 속한다. 다시 말하면 전 직원 20명 이내의 영세기업이 미국에서 해마다 쏟아지는 신규인력을 흡수하고 있다.

　　이런 조그마한 기업들이 미국 경제의 근간을 이룬다. 그래서 미국의 작은 기업의 사장도 미국의 대통령과 마찬가지로 명함에 프레지던트(President)라고 일컬어지는 것이다. 이것이 자본주의 사회의 기사도(騎士道)이고 또한 애국하는 길이다. 돌이켜 보면 우리나라는 지난 500년간 유교문화권에 속해 있어서 장사꾼을 사회계급에서 가장 낮은 계급으로 여겨오는 것이 보통이었다. 사농공상

(士農工商), 즉 선비가 가장 위이고 장사꾼이 아랫니다.

　이런 사회·문화적인 분위기로 인해 우리나라의 기업 발전과 중소기업의 생성은 그만큼 어려운 조건으로 되어 왔다. 우리 이웃에서 김 아무개 사장이 사업하다가 부도가 났다고 하면 그 사람 건방지더니 잘되었다고 하며 고소하게 생각하는 것이 우리 사회의 기업인에 대한 인식이며 가진 자에 대한 거부반응이다.

　하지만 국가 경제면에서 냉정하게 살펴보자. 우리나라의 5천만 인구를 거느리고 먹여 살리려면 몇 개의 일자리가 필요하겠는가? 정부에서는 거의 전체 인구의 절반에 가까운 약 2300만 명으로 추산하고 있다. 곧 일자리가 최소한 200만개가 넘어야 하는 것이다. 이렇게 많은 일자리를 대체 누가 창조할 것인가?

　해마다 대학 및 일반 학교의 졸업생들이 40만 명 넘게 배출되어 나오지만 신입사원을 1000명 정도 모집하고 있는 기업은 거의 없다. 더군다나 IMF 이후 오히려 많은 중견사원을 퇴출시키고, 수많은 기업이 도산하여 일자리는 더욱 더 줄어든 것이 현실이다.

그러면 이러한 구직자에 대한 대책은 무엇인가? 실업 대책은 정부가 해결하기에는 범위가 너무 커서 한계에 도달할 것이다. 국가가 나서서 내놓는 해결책이나 대기업의 역할도 중요하겠지만 국민경제의 입장에서 볼 때는 수많은 영세 중소기업의 창업이 절대적으로 중요하다.

그렇다면 기업의 사기를 촉진시키고 누구든지 장사하고자 하는 의욕을 북돋아 주는 것이 자본주의 사회에서 필요한 기업문화가 아니겠는가? 우리나라 개발 초기에는 제1차 산업인 농업과 2차 산업인 제조업이 비율이 높았지만 이제 21세기 접어들어 <표7>과 <표8>에서 예시하듯이 서비스 산업이 현저하게 증가됨으로서 그만큼 중소형의 창업과 자영업의 활발한 창업이 일어나고 있음을 알 수 있다.

< 표7-신설 및 부도법인 동향(전국기준) >

구　분	2004	2005	2006	2007
신설법인수(A)	48,585	52,587	50,512	53,483
부도법인수(B)	2,747	2,200	1,628	1,507
창업배율(A/B)	17.7	23.9	31.0	35.5

<표8-업종별 신설법인수(전국기준) >

* 주 : 1. ( ) 내는 업종별 신설법인 비중(%)

구분	농·임·어업 및 광업	제조업	건설 및 전기·가스·수도사업	서비스업	기타	계
2006	465 (0.9)	8,548 (16.9)	7,580 (15.0)	33,910 (67.1)	9 (0.02)	50,512 (100.0)
2007	435 (0.8)	10,396 (19.4)	8,199 (15.3)	34,424 (64.4)	29 (0.05)	53,483 (100.0)

중소기업청 : 2008. 3월 중 신설법인 동향

우리나라에서는 많은 이들이, 우수한 인재는 사법시험과 의사, 학자가 되는 것이 올바른 길이고 아직도 상당수는 공부를 제대로 못하고 그럴듯한 직장도 얻지 못해 호구지책으로 하는 것이 사업이나 장사라고 생각하는 경우가 허다하다.

그러나 이제는 미국의 빌 게이츠(Bill Gates)와 같이 하버드 대학을 중퇴하고 IT사업에 투신하여 세계 1위의 갑부가 된 천재가 기업하는 시대가 온 것이다.

선진자본주의 사회는 이러한 엘리트들이 창업을 하고 기업을 발전시키고 있다. 미국이나 일본, 이탈리아 등은 대개 인구의 약 5%에 가까운 기업체가 있기 때문에 고용을 유지해 나가는 것이다.

미국에서 3억 인구의 5%인 1500만개 가까운 기업이 있고 심지어 이 중에는 여자 사장도 300만 명이나 있다. 1억 2700만 명의 인구가 사는 일본의 경우도 약 650만개의 크고 작은 기업들이 있다.

그렇다면 과연 우리나라의 사정은 어떠한가? 현재 법

인 기업의 경우 전체 인구의 약 1.6%에 해당하는 약 80만개가 등록되어 있다. 우리나라는 짧은 기간 경제 개발을 하는 동안 재벌 중심으로 불균형 경제정책을 써 왔고 그로 인해 영세 중소기업의 발전이 그만큼 어려웠던 것이다. 이제 한국은 선전국 문턱에 들어온 경제대국을 지향하는 시기에 재벌, 중견기업, 중소영세기업의 상호 협력 체제를 강구하여 국민경제의 기반을 다시 한 번 강구해야 할 시점에 왔다고 본다.

이제는 대기업의 육성 못지않게 중소기업에 대한 창업 지원이 국가적으로도 굉장히 중요하다. 여기서 우리는 50대 창업의 의미를 찾을 수 있다. 따라서 이러한 전망을 놓고 보자면 50대가 원하기만 하면 어떤 경우에도 경제참여를 할 수 있는 사회제도가 반드시 마련되어야할 것이다.

50대에 새로 시작하는 사업은 제 2의 인생이라고도 볼 수 있는 데다 또한 지금 국가가 가장 요구하고 있는 새로운 경제 주체로 부각해 볼 수도 있다. 자신의 생존을 위한 자구책도 되면서 단 두 명의 일자리라도 만들어 실업자를 조금이라도 흡수하는 것이 동시에 국가적인 기여(寄與)가 되며 국가경제의 기초를 닦는다는 보람도 얻을 수 있다.

우리가 여기서 경제제도와 창업과 국민경제를 생각해 보는 것은, 규모의 대소를 떠나서 그간 사회에 나와 이런저런 전문성을 개발하고 또한 오랜 동안 자기 분야에서 직장 생활을 하며 경륜을 닦으며 자기만의 인생 2기를 갖는데 의미를 부여하고자 하는 것이다.

또한 50대 이후에 창업을 하여 조그마한 점포든 여러 사원이 필요한 제조업을 하던 무엇을 하든지 그것을 함으로 한국 자본주의 사회에서 하나의 중요한 경제 주역으로서 자신감과 보람을 느낄 수 있기 때문이다.

V. 창업의 자세

본서를 맺으면서 50대 이후의 세대에서 창업을 준비하는 분들을 위하여 도움이 되고자 여기에 부연하였다. 하나는 정신적인 자세이며, 다른 하나는 자금과 세무 등 실제적인 정보를 얻는데 참고자료를 첨부한 것이다. 본문에서 서술한 바와 같이 창업을 하기에 앞서 우선 창업의 사전조건(Pre-Condition)을 갖춰야 한다.

* 창업을 위한 사전조건

1. 아이템 선택

이는 자신의 적성과 전문성을 토대로 업종을 선택하는 것이다. 세계적인 부호 워렌 버핏(Warren Edward Buffett)은 자기가 좋아하는 일을 해야 한다고 했다. 그리고 자신의 전문분야를 살리는 것이 성공률이 높다고 본다.

2. 가치관 확립

일본 니찌보 배구팀의 다이마쯔감독은 세계 정상에

올라가기 위하여 모든 것을 희생하고 오로지 배구팀하나에만 목을 걸고 불철주야 투혼을 불살라 매진한 결과 그 꿈을 이루었다. 그는 성공의 어록에서 "사나이 대장부 거리낌 없이 할 수 있는 일이 있다면, 나는 그 일을 다 하고 가리라." 라고 서술하였다.

마지막 도전이 될 수 있는 50대의 선택은 자신의 일에 후회 없이 할 수 있는 가치관이 서야 한다고 본다. 그래야 숱한 고난을 극복하고 7전 8기의 정신력으로 성취할 수 있기 때문이다.

3. 올인(All In)

칠흑 같이 어두운 폭풍우 속에서 닻을 올렸다면 전체를 걸고 집중력(Focusing)을 경주하여야 한다. 과거의 미련이나 주변사정 등 부정적인 인식에서 탈피하여 한 곳에 올인(All In)해야 한다고 본다. 영국속담에 결과가 좋으면 만사가 좋다는 말과 같이 포기하지 않고 비전과 열정을 가지고 전체를 걸고 한다면 반드시 성공할 수 있다.

세계 여자배구 정상에 올라 레닌그라드 코트에서 트로피를 쟁취, 프로 여성의 개가를 올린 니찌보 팀의 다이마츠감독은 자신의 어록에서 "사나이 대장부 거리낌 없는 일을 할 수 있다면, 나는 그 일을 다 하고 가겠다."고 했다. 그는 일에 올인(All In)하여 만인에게 감동을 주었고, 나중에 중의원에 당선된 바도 있다.

4. 제 3 연령대(The Third Age)

우리 사회는 이제 조기 명퇴와 장수로 인한 기대여명의 연장으로 여생기간의 긴 인터발(Interval)을 갖는 저출산고령화시대를 살고 있다. 따라서 성장기와 사회 활동기를 지나 제3의 자기기업화(Enterprise of Self)를 이룰 수 있는 제 3 연령기를 맞아 지난 성장기와 활동기를 지나, 값진 경험을 토대로 진정한 자신을 위한 생을 영위할 수 있다고 본다. 이렇게 변화된 사회에 적응하기 위해 자신의 가치관을 재정립하고 50대를 열정과 도전정신으로 자기의 삶을 개척해 나가 고령에 창업이 아니더라도 자신의 분야에서 활동을 지속하여 삶을 풍요롭게 장식하는 분들을 볼 수 있다.

이태리 패션의 거장 조르지오 아르마니(Giorgio Armani)는 현재 75세의 은퇴기의 고령을 넘어선 나이에도 불구하고 자기 일에 대한 열정은 젊은 사람을 능가하여 주위를 경탄케 하고 있다. 그는 향후 25년간 활동을 계속하고 싶다는 포부를 밝히고 있어 그의 패션 세계에 사람들을 매료시킬 뿐 아니라 노년기의 값진 삶으로 우리에게 감동을 주고 있다. 그는 이미 전 세계 판매망을 통하여 직원 5,000명 과 년 간 매출 3조를 능가하는 거대기업의 총수이지만 서민적인 인상을 풍기며 직접 일선에서 패션을 이끄는 현역이다.

세계적으로 유명한 경영학자 피터 드러커(Peter Ferdinand Drucker, 1909-2005)박사는 68세 이후에 저술한 책들이 베스트셀러가 되었다고 한다. 그는 92세 생일에 기자가 언제 은퇴하고자 하느냐는 질문에 "나는 생각해 본 적이 없다고 했다." 그는 그 이후에도 저술과 강의를 계속하였으며, 2005년 96세에 타계하였다.

미디어의 재벌 파라마운트 픽쳐스 바이어컴(Viacom) 회장 섬너 레드스톤(Redstone)은 86세의 고령임에도 불구하고 현역으로 뛰고 있는 노익장이다. 그는 하바드 법과대학을 나온 법률가이었지만 진로를 바꾸어 업계에 발을 디뎌 아버지가 경영하던 동내 영화관을 물려받아 아무리 영화관이 좋아도 영화가 좋지 않으면 고객이 없다고 판단하여 컨텐츠사업에 열의를 기울려 바이어컴을 창업하여 일약 미디어 황제로 군림하였다. 그는 돈이 자기의 동기가 아니라 내게는 성취욕이라고 하였다.

미켈란젤로(Michelangelo Buonarrot, 1475-1564)는 90세까지 작품 활동을 했다고 한다. 그는 말년에 의사가 휴식을 권하자 자신은 휴식보다 하얀 대리석에 조각을 만드는 것이 더 즐겁다고 반박했다.

또한 인상주의 화가 모네(Claude Monet, 1840-1926)는 80세의 나이에도 불구하고 하루 12시간씩 창작활동을 했다고 한다. 그는 말년에 시력을 잃었지만 그의 작업을 결코 쉬지 않았다.

피카소(Pablo Picasso, 1881-1973)는 90세가 넘어 사망할 때 까지도 창작활동을 쉬지 않았다. 또한 그는 근대 화가로서 새로운 형식의 유파를 개척했다.

20세기 첼로의 거장 파블로 카잘스(Pablo Casals, 1876-1973)는 97세 나이에도 연주를 했다.

우리나라에도 80세를 넘기고 현장에서 활동하는 크고 작은 기업인 학자 예술가가 수 없이 많다. 이제 나이 50선상에서 자기의 전문성 인맥 한정된 자금력이지만 향후 30년을 기획하여 자신 있는 아이템을 찾아 올 인 한다면 보람찬 생을 향유할 수 있다고 본다.

- 부록 -

창업 자료

1. 사업자등록

　법인으로 사업을 시작할 경우, 세무 관리에 소홀하여 사업자등록을 하지 않은 경우가 있다. 이 경우 증빙서류미수취의 가산세와 창업비용 전체를 세무상 인정받지 못하는 경우가 있다.

2. 증빙서류의 수취

　상품과 서비스 등 경비 지출 시에 무통장입금으로 지출의 확실한 증거를 갖추어야 한다. 거래 건별로　10만원 이상인 거래(접대비의 경우 5만원 초과)에 있어서 세금계산서를 수취하지 않거나 신용카드를 사용하지 않은 경우에 당해 금액의 2%를 가산세로 부담해야 한다.
　* 자료참조 : 이노넷 (http://www.innonet.net)

3. 채 무

　채무액은 년 매출의 50%를 상회하면 불실이 될 가능

성이 많다. 이는 원리금상환 비율의 한계선이라고 생각
해야 한다. 이자지급은 비용처리로 소득금액 계산시 수
입에서 차감 되어야 한다.

4. 창업기업 부담금 일괄면제

중소기업의 창업 활성화 조치로 제조업을 영위할 경
우 사업을 개시한 날부터 3년 동안 농지보전부담금, 대
체초지조성비 등 11개의 부담금을 면제한다.

○ 중소기업청 창업제도
　- Tel : 042-481-4429,
　　E-mail : hscho@smba.go.kr

5. 창업관련 사이트

사이트명	연락처	홈페이지
신용보증기금	02)710-4114	www.shinbo.co.kr

기술신용보증기금	02)789-9321	www.kibo.co.kr
한국여성경제인 협회	02)528-0202	www.omanbiz.or.kr
중소기업진흥공단	02)769-6700	www.bizonk.or.kr
한국 소프트웨어진흥원	02)2141-5000	www.software.or.kr
한국장애인고용촉 진공단	031)728-7001 ~3	www.kepad.or.kr
대한상사중재원	02)554-2000	www.kcap.or.kr
대한법률구조공단	국번없이 132	www.klac.or.kr
한국소비자보호원	02)3460-3000	www.cpb.or.kr
YMCA	02)779-7566	www.ymca.or.kr
공정거래위원회	02)503-9511	www.ftc.go.kr
한국여성벤처협회	02)551-7090	www.kovwa.or.kr

6. 여성가장 창업자금 지원

- 월 소득 117만원, 재산규모 5,000만 원 이하(여성가

장으로 창업을 희망 하는 자)

여성기업 종합지원 센터 운영

-창업 2년 이내의 업체 및 예비 창업자

여성 전문분야 창업교육

-여고생, 여대생, 주부 등 예비·신규 여성창업자 등

* 중소기업균형성장지원팀　042-481-4430

* 한국여성경제인협사업팀　02-369-0900

7. 소기업 , 소상공인 공제제도

- 1년 이상 사업을 영위하고 있는 소기업, 소상공인 대표자 중 일정기간 공제부금을 납부한 자

* 중소기업소상공인정책팀　042-481-4566

* 중소기업중앙회　02-2124-3267/8

자영업 5단계 패키지 창업지원

-지역신용보증재단 특례보증 지원에 결격사유가 없는 예비창업자

8. 자영업 컨설팅 지원 사업

- 소상공인(영세 자영업자)

* 중소기업자영업지원팀   042-472-0551

* 중소기업청자영업지원팀   042-481-4355

* 소상공인지원센터홈페이지 www.sbdc.or.kr

9. Hi-Seoul 창업스쿨

서울특별시와 서울산업통상진흥원 운영.

창업능력을 배양하기 위하여 창업교육부터 수료 후 사업화까지 일괄 지원하는 창업지원프로그램으로써 창업기업의 성공적인 사업화를 위해 창업 전반에 관한 3개월간의 체계적인 창업교육뿐만 아니라 창업자금 우대보증지원, 창업 준비를 위한 창업컨설팅, 유관기관 연계지원 등 창업자에 대한 지원프로그램을 구축하고 있음.

* 홈페이지 http://school.seoul.kr/

* Tel : 02-2657-5881

* Fax : 02-2657-5719

10. 한국창업지원

사이트명	홈페이지
중년정보공유	http://cafe.daum.net/jkcommunication
부자마을사람들	http://cafe.daum.net/bigbigmoney
Korea 창업지원센터	http://cafe.daum.net/xxiljarixx

11. 장애인창업

'07년도 장애인기업에 총 400억원 지원.

장애인기업에 중소기업 정책자금 100억　원, 창업자금 278억원(보건복지부 160억 원, 노동부 118억원)과 18억 원의 사업예산 등 총 400억 원으로 지원한다.

* 중소기업중앙회 http://www.kbiz.or.kr
* 중소기업 육성 및 조사연구, 공제사업기금, 창업컨설팅

12. 기업종합지원 서비스

공단명	홈페이지	내용
한국 산업안전공단	www.kosha.or.kr	
한국 산업기술평가원	www.itep.re.kr	신기술창업보육사업, 산업기반기술
한국 생산기술연구원	www.kitech.re.kr	생산기술 연구 개발 사업 안내
한국 환경자원공사	www.envico.or.kr	폐기물 재활용기술 촉진 및 육성
벤처넷	www.venture.smba.go.kr	벤처기업정보, 벤처자금지원, 코스닥시장, 엔젤클럽&벤처캐피탈
중소기업정보은행	www.digitalsme.com	중소기업 정보제공, 창업 및 지원데이터베이스
신기술 창업지원단	www.kaist.ac.kr	창업정보, 기술정보, 창업포럼, 경영교실 등
창업넷	www.changupnet.go.kr	
기술보증기금	www.kibo.or.kr	기술창업기업을 위한 보증, 기술평가
서울 신용보증재단	www.seoulshinbo.co.kr	
한국 프랜차이즈	www.koreafranchi-se.co.kr	프랜차이즈 창업컨설팅 및 상담

13. 창업자금지원

◇한국여성경제인협회(www.womanbiz.or.kr)

여성가족부 및 중소기업청 공동으로 저소득 여성 가장을 위한 생계형 창업지원을 한다. 1인당 최고 5000만 원까지 연 3%의 저리이며, 월 소득158만원(재산규모 7000만 원이하) 이하의 저소득 여성으로서 배우자의 사망, 이혼 또는 노동력 상실 등으로 실질적으로 가족을 부양하는 여성가장 (미혼여성일경우도가능) 에게 지원된다.

* 한국여성경제인협회 02-369-0900

◇ 소상공인지원센터(www.sbdc.or.kr)

상시근로자 5인 미만의 도소매, 음식숙박, 서비스업을 하는 소상공인에게 연 5.4%의 금리로 5000만원까지 지원한다. 상환기간은 5년으로, 1년 거치 후 4년간 대출금액의 70%를 3개월마다 균등 분할상환

◇ 여성기술인력 창업자금

　여성 기술 인력을 위한 창업자금을 지원한다. 창업직업교육과정을 72시간 이상 이수하고 창업한 자, 국가공인 기술 또는 자격증 보유자, 문화산업, 정보통신 분야 전문경력자(2년 이상), 특허권자, 실용신안권자, 창업, 기능 경진대회 본선 입상자 등에 해당하는 여성창업자에게 연4.5%의 금리로 7000만원까지 지원한다. 사업계획서 등의 서류를 준비하여 신청하면 된다.

◇ 한국장애인고용촉진공단(<u>www.kepad.or.kr</u>)

　장애인 자영업 창업자금을 지원, 창업교육훈련을 이수하고 자영업창업을 희망하는 장애인에 5000만원까지 연 3%의 금리로 2년 거치 5년 분할상환으로 지원한다.
* 서울 중부사무소 02-723-5440~1

<50대 도전>

1판 발행: 2002년 5월 9일
2판 발행: 2008년 1월 5일
3판 발행: 2008년 10월 10일
저자: 박은태

발행처: 도서출판 (주) 경연사
등록번호: 제 17-295호
서울사무소 : 서울 강동구성내2동163-16, 경남빌딩702
파주사무소 : 파주출판도시 경기파주문발리교하읍507-10
전화: 02)488-0175
팩스: 02)475-3195
홈페이지 : www.genyunsa.com

■ 경연사 2008
ISBN 978-89-93070-02-6

정가 10,000원

* 저자와의 협의에 의해 인지첨부는 생략합니다.
* 잘못 만들어진 책은 교환하여 드립니다.